DIANA

Das Buch

Es ist ein regnerischer Abend im Cambridge des Jahres 1949. C. P. Snow, der das Konzept der »zwei Kulturen« – der Humanwissenschaften und Naturwissenschaften – entwarf, hat vier der bedeutendsten Denker und Wissenschaftler seiner Zeit eingeladen. Es gibt ein für die Nachkriegsjahre ungewöhnlich gutes Dinner und eine Diskussion, die eine »scientific fiction« im nicht ganz wahren, aber besten Sinn ist.

Die Gäste im Hause von C. P. Snow sind: Alan Turing, Mathematiker und Miterfinder des Computers; J. B. S. Haldane, Genetiker und populärer Wissenschaftsautor; Erwin Schrödinger, Nobelpreisträger für Physik; und Ludwig Wittgenstein, der vielleicht einflußreichste Philosoph der Nachkriegszeit.

Im Laufe des lebhaften Dinners diskutieren die fünf klugen Köpfe über die Möglichkeit künstlicher Intelligenz und versuchen damit, einem brisanten wissenschaftlichen Problem auf den Grund zu gehen, das durch Alan Turings neue »Rechen-Maschine« zu einem der spannendsten unseres Jahrhunderts geworden ist.

Der Autor

John L. Casti ist Professor der Mathematik am Santa-Fé-Institut in New Mexico und an der Universität Wien. Er ist Verfasser von fünf Büchern über wissenschaftliche Fragen, darunter das bekannte Werk *Paradigms Lost* (1989).

John L. Casti

# Das Cambridge Quintett

An einem
regnerischen Abend
unterhalten sich
Snow, Wittgenstein, Turing,
Haldane und Schrödinger
bei einem guten Dinner
über künstliche Intelligenz.

Eine wissenschaftliche Spekulation.

Aus dem Englischen
von H. Jochen Bussmann

DIANA VERLAG

Diana Taschenbuch Nr. 62/0082

Die Originalausgabe
»The Cambridge Quintett«
A Work of Scientific Speculation
erschien 1998 bei Addison Wesley, Reading

Taschenbucherstausgabe 4/2000

Der Diana Taschenbuchverlag ist ein Unternehmen der
Wilhelm Heyne Verlag GmbH & Co. KG, München
Printed in Germany 2000

Umschlagillustration: The Image Bank/
Gary S. Chapman, München
Umschlaggestaltung: Hauptmann und Kampa
Werbeagentur, CH-Zug
Satz: Schaber Satz- und Datentechnik, Wels
Druck und Bindung: Elsnerdruck, Berlin
Gedruckt auf chlor- und säurefreiem Papier

ISBN: 3-453-16061-4

http://www.heyne.de

Im Gedenken an Alan Turing
und John von Neumann,
die das
moderne Computerzeitalter
schufen.

# *Inhalt*

## *Vorbemerkung*

Das Buch, das Sie in Händen halten, ist kein Roman; es ist jedoch ein Werk der Fiktion, Teil eines neu aufkommenden Genres, das ich »Wissenschaftsfiktion« nennen möchte. Ein solches Buch versucht, in einem fiktiven Rahmen die intellektuellen und kognitiven Fragen zu vermitteln, mit denen Menschen konfrontiert sind, die mit der Gestaltung von Wissenschaft und Technologie ihrer Zukunft befaßt sind. Wäre das Buch als konventionelles Wissenschaftssachbuch konzipiert, hätte ich mich auf das beschränken müssen, was man über die Motive und Gedanken der Beteiligten weiß. Hätte ich mir dagegen einen Science-fiction- oder einen allgemeinen Roman vorgenommen, müßte sich die Geschichte an die Grundsätze und Konventionen dieser Genres halten und sich auf die Entwicklung und Veränderung der Weltsicht der Buchgestalten im Verlauf der Auflösung von Konflikten konzentrieren. In der Wissenschaftsfiktion ist das vorrangige Ziel hingegen ein ganz anderes. Es besteht darin, eine anschauliche und verständliche Darlegung der intellektuellen und emotionalen Unsicherheiten zu präsentieren, zu denen es kommt, wenn man mit der Gestaltung zukünftigen menschlichen Wissens zu tun hat. In diesem Sinne also setzt es sich Wissenschaftsfiktion zur Aufgabe, sich vorzustellen, wie die Welt, in der wir heute leben, durch Entscheidungen in der Vergangenheit geformt wurde und wie Entscheidungen, die wir heute treffen, der Welt von morgen ihren Stempel aufdrücken.

Der hier erkundete Konflikt ist ein Widerstreit von Ideen, wobei Wittgenstein und Turing die gegensätzlichen Positionen zu der Frage beziehen: Kann eine Maschine denken? Ein fiktives Abendessen scheint mir ein guter Ort für eine Spekulation darüber, wie diese beiden Giganten über diese Frage wohl miteinander disputiert haben würden; es ist aber auch geeignet, um hin und wieder die Überlegungen der anderen eingeladenen Denker zu einer Vielfalt verwandter Themen in bezug auf das Wesen menschlicher Kognition und die Möglichkeit maschinellen Denkens einzubringen. Um den bekannten »Mediologen«, Marshall McLuhan zu paraphrasieren – in diesem Buch sind die Ideen die Botschaft.

Der Ausbruch eines neuen intellektuellen Zeitalters ist immer eine Zeit der Anspannung und Unruhe. In solchen Übergangsperioden vom Alten zum Neuen werden viele konkurrierende Ideen auf den Markt geworfen, und selbst die besten Köpfe geraten zwischen die gegenläufigen Winde, die über das gerade entstehende Feld wehen. Die Anfänge jenes Gebietes, das wir heutzutage »künstliche Intelligenz« (KI) nennen, bilden da keine Ausnahme. Deswegen sollte der Leser auch nicht überrascht sein, wenn er in der vorliegenden fiktionalen Beschreibung des hypothetischen – aber möglichen – Treffens gelegentlich Äußerungen der Teilnehmer findet, die in gewisser Weise von dem abweichen, was aufgrund ihrer veröffentlichten Arbeiten zu erwarten gewesen wäre.

Es ist eine allseits bekannte Tatsache des akademischen wie des sonstigen Lebens, daß Leute bei Abendeinladungen oftmals etwas sagen, das am nächsten Tag zu Papier zu bringen sie sich hüten würden. Das ist ganz normal. Eine andere Tatsache geistigen Lebens ist, daß wir Jahrzehnte nach einem folgenreichen Ereignis, besonders dann, wenn die daran Beteiligten inzwischen in den Rang von Ikonen erhoben worden sind, dieses Ereignis und diese Menschen aus der Perspektive der Entwicklungen sehen, die im Verlauf der dazwischenliegenden Jahrzehnte – oder gar Jahrhunderte – eingetreten sind, und nicht aus dem Blickwinkel der Zeit des Geschehens selbst. So ist es auch bei der hier erzählten Geschichte. Leser, denen die philosophischen Argumente und technischen Entwicklungen in der während der letzten fünfzig Jahre um die »denkende Maschine« geführten Debatte vertraut sind, werden die hier diskutierten Probleme völlig anders sehen, als sie selbst geistige Größen wie Snows Gäste zu jener Zeit betrachteten, als diese Fragen noch frisch und noch nicht von den vagen Überlegungen und persönlichen Vorurteilen späterer Philosophen, Informatiker und Neurophysiologen eingeengt waren. Im KI-Geschäft von heute sehen die Dinge erheblich anders aus, als sie sich im Sommer 1949 darstellten. Diesen Punkt sollte man im Kopf behalten, wenn man die imaginierten Auffassungen der Teilnehmer beurteilt, wie ich sie auf den nachfolgenden spekulativen Seiten dargestellt habe.

Ein letztes Mal bitte ich um Vorsicht: Um der besseren Darstellung willen habe ich einige konzeptionelle KI-Themen aus ihrer tatsächlichen Zeit in den Jahrzehnten nach 1950 in die Zeit des Dinners zurückversetzt. Daraus sollte der Leser nicht den Schluß ziehen, ich würde behaupten, daß Gedanken wie Noam Chomskys Theorie des Spracherwerbs oder John Searles berühmtes Beispiel mit dem Chinesischen Zimmer wirklich von einem der abendlichen Gäste entwickelt worden seien. Es ist allein der spekulative Versuch, sich vorzustellen, daß diese Gedanken zu jener Zeit geäußert worden sind. Und wie dürften wohl die Teilnehmer des Dinners auf sie reagiert haben? Der letzte Abschnitt des Buches korrigiert all diese »unzeitgemäßen« Dinge und gibt darüber hinaus Hinweise auf weiterführende Literatur zu diesem und zu anderen Themen, die im Rahmen unserer Erzählung diskutiert werden.

Schließlich ein Wort des Dankes an die vielen Menschen, die auf vielfältige Weise bei der Vorbereitung dieses Buches behilflich waren. Für ihren Rat bezüglich der Grundidee, aber auch für ihre Kommentare zu meinem anfänglichen Entwurf möchte ich meine Dankbarkeit gegenüber Greg Chaitin, Kirk Jensen, George Johnson, Jeff Johnson, David Lane, Melanie Mitchell, Tor Nørretranders und Jeff Robbins sowie gegenüber Eamon Dolan, dem ursprünglichen Lektor dieses Buches, zum Ausdruck bringen. Die Lektüre der vorletzten Fassung des Manuskripts durch Doyne Farmer, Atlee Jackson und John Wyver bewahrte mich vor manchem sprachlichen und inhaltlichen Fauxpas. An jeden von ihnen ein herzlicher Dank für die gute Arbeit, die nicht beneidenswert war. Schließlich gebührt der größte Dank dem Lektor Richard Beswick, der mir stets zur Seite stand und mich in jenen – im Entstehungsprozeß eines jeden Buches unvermeidlichen – düsteren Momenten unterstützte, in denen es so aussieht, als würde das Projekt nie vollendet.

## *Dramatis personae*

C. P. SNOW (1905–1980)

Gab als Schriftsteller, Beamter und Physiker mit seinem eigenen Erfolg ein Beispiel dafür, daß die von ihm behauptete Spaltung der westlichen Gesellschaft in »zwei polare Kulturen« – nämlich die Natur- und die Geisteswissenschaften – keine absolute sein muß. Snow erwarb 1930 den Doktor der Physik in Cambridge, wo er Fellow am Christ's College war. Während des Zweiten Weltkriegs holte er talentierte Naturwissenschaftler als Mitarbeiter in das Arbeitsministerium; später war er Unterhausabgeordneter und Mitglied des Kabinetts. In seiner 1959 in Cambridge gehaltenen *Rede-Lecture* über »Die Zwei Kulturen und die wissenschaftliche Revolution« warnte er vor den Folgen der fehlenden Kommunikation zwischen Natur- und Geisteswissenschaftlern. Im Jahr 1964 wurde Snow die Peerswürde auf Lebenszeit verliehen.

ALAN TURING (1912–1954)

Mathematiker, der 1936, damals noch als Student in Cambridge, einen Artikel veröffentlichte, in dem er eine ideelle Maschine schuf, die sich durch das Befolgen einer vorgegebenen Reihe von Befehlen von einem Zustand in einen anderen begeben konnte. Diese »Turing-Maschine« führte zu einem Berechnungsschema, welches das logische Grundprinzip des modernen Digitalcomputers vorwegnahm. Im Zweiten Weltkrieg spielte Turing eine führende Rolle bei den Bemühungen, feindliche Chiffriercodes zu knacken. Später arbeitete er an der Entwicklung der ersten elektronischen Computer und schrieb Artikel über künstliche Intelligenz sowie über die Anwendung der Mathematik auf biologische Formen. Im Jahr 1952 wurde Turing wegen Verstoßes gegen die britischen Homosexualitätsgesetze verhaftet und nahm sich im Alter von 41 Jahren das Leben. Hugh Whitemores Theaterstück *Breaking the Code* von 1987 basiert auf Turings Leben.

J. B. S. HALDANE (1892–1964)

Genetiker, Wissenschaftspublizist und politischer Aktivist, der mit seinen mathematischen Untersuchungen auf dem Gebiet der Populationsgenetik die Kluft zwischen klassischer Genetik und Evolutionstheorie zu überbrücken half. Nach seinem Studium in Oxford verbrachte Haldane zehn Jahre in Cambridge, bevor er 1933 auf einen Lehrstuhl am University College in London berufen wurde. Neben seiner rein wissenschaftlichen Arbeit war Haldane ein überzeugter Marxist und stand für viele Jahre an der Spitze der Redaktion des *Daily Worker,* der Tageszeitung der britischen Kommunistischen Partei. Infolge der Lyssenko-Affäre im Jahre 1948 distanzierte sich Haldane vom Kommunismus. 1957 wanderte er nach Indien aus, wo er bis zu seinem Tod seine Forschungen zur Statistik und Genetik weiterführte.

ERWIN SCHRÖDINGER (1887–1961)

Physiknobelpreisträger, berühmt wegen seiner Arbeiten über Quantenmechanik. Nach seiner Promotion an der Universität Wien im Jahr 1910 wurde Schrödinger 1927 Nachfolger Max Plancks auf dessen Berliner Lehrstuhl für Theoretische Physik. Von den Nazis bedroht, emigrierte er 1933 aus Deutschland, in demselben Jahr, in dem er sich mit Paul Dirac den Nobelpreis für Physik teilte. 1939 ging Schrödinger an das neu gegründete Institute for Advanced Studies in Dublin, wo er 1944 mit seiner Vortragsreihe über »Was ist Leben?« die Voraussetzungen für die heutige Molekularbiologie schuf. Im Alter widmete sich Schrödinger seinem lebenslangen Interesse für die Grundlagen der Physik und deren Implikationen für die Philosophie sowie für die Gedankenwelt östlicher Religionen.

LUDWIG WITTGENSTEIN (1889–1951)

Vielleicht der einflußreichste Philosoph dieses Jahrhunderts, der – einzigartig in der Geschichte der Philosophie – im Lauf seines Lebens zwei völlig unterschiedliche Philosophien entwickelte, wobei die zweite die erste komplett verwarf. Wittgenstein begann 1912 sein Studium der Philosophie der Mathematik bei Bertrand Russell in Cambridge, eine Arbeit, die zu seinem Meisterwerk, dem *Tractatus Logico-Philosophicus,* führte, das er während seines Dienstes in der österreichischen Armee im Ersten Weltkrieg schrieb. Nachdem er eine große Erbschaft verschenkt hatte, unterrichtete Wittgenstein in den zwanziger Jahren an einer österreichischen Volksschule und kehrte erst 1929 nach Cambridge zurück, um dort seine philosophische Arbeit wieder aufzunehmen. Im Jahr 1939 wurde er auf den Lehrstuhl für Philosophie berufen, den zuvor G. E. Moore innehatte; 1947 trat er zurück und widmete sich in seinen letzten Lebensjahren der Niederschrift seiner vielen Ideen. Wittgensteins Arbeiten über Sprache, über die Grundlagen der Mathematik, über Logik und Bedeutung haben eine Vielfalt von Problemen in ganz neuem Licht erscheinen lassen, vor allem den Skeptizismus und das Problem des Fremdpsychischen.

# *Prolog*

## DIE GESCHICHTE BEGINNT

Die Revolution begann am frühen Nachmittag eines gemächlichen englischen Sommertages des Jahres 1935, als Alan Turing, ein junger Student am King's College in Cambridge, auf die Idee eines theoretischen Gerätes kam, um damit Hilberts Entscheidungsproblem zu lösen, eine berühmte offene Frage der mathematischen Logik. Etwa zur gleichen Zeit fand im Studentenzimmer der mathematischen Abteilung der Universität Princeton eine hitzige Debatte über ein weiteres mathematisches Rätsel statt; sie führte zur Entwicklung eines neuartigen logischen Kalküls, welches die heuristische Vorstellung dessen, was es heißt, eine Berechnung anzustellen, auf eine gesicherte mathematische Grundlage stellte. Ein Jahrzehnt später begann Turing, motiviert durch seine Dechiffrierungsarbeit während des Zweiten Weltkriegs, zusammen mit John von Neumann und anderen in England und den Vereinigten Staaten diese abstrakten mathematischen Vorstellungen von Berechnen und Logik in wirkliche Rechengeräte umzusetzen.

In der Mitte der vierziger Jahre lagen die praktischen, alltäglichen Vorteile von Computern für jedermann klar zutage. Die Wissenschaftler jedoch, die der Entwicklung von Computern den Weg bereitet hatten, insbesondere Alan Turing in England und John von Neumann in den Vereinigten Staaten, dachten bereits über die entferntesten Fähigkeiten derartiger Maschinen nach, einschließlich ihres Potentials, viele der Aufgaben auszuführen, die bislang als alleiniges Privileg des Menschen gegolten hatten. Die Existenz solcher »Rechenmaschinen« führte dazu, daß eine Fülle klassischer psychologischer, philosophischer, soziologischer und linguistischer Rätsel über das Wesen des Menschen wiederauflebten, die auch heute noch so frisch und zeitgemäß sind wie an jenem schicksalhaften Tag, als Turing seine »Turing-Maschine« erfand. Und ganz obenan auf dieser Liste von Rätseln steht die ewige Frage: »Was ist eigentlich das Besondere am Menschen?« Diese Frage läßt sich schärfer fassen: Vermag eine Rechenmaschine in ihrem kognitiven Vermögen so gut wie ein Mensch zu sein? Und allgemeiner: »Kann je eine Maschine entwickelt werden, die so beschaffen ist, daß wir ihr uneingeschränkt die Menschenrechte zuerkennen würden?«

Die Schwierigkeiten, sich mit solch einer im Kern philosophischen Frage auseinanderzusetzen, liegen ebensosehr in der Klärung dessen, was wir unter »denken«, unter dem Begriff »Maschine« und unter dem Wort »menschlich« verstehen, wie auch in jedem spezifischen Verständnis von intelligentem Verhalten. In diesem Sinne gehört das Problem denkender Maschinen eindeutig in den Bereich der Philosophie – freilich mit einer Besonderheit. Das Problem denkender Maschinen unterscheidet sich von anderen philosophischen Rätseln wie »Was ist Wahrheit?« oder

»Was ist gerecht?« insofern, als daß man sich die Konstruktion eines Geräts, dessen Verhalten in kognitiver Hinsicht von demjenigen eines ganz normalen Menschen nicht zu unterscheiden ist, zumindest vorstellen kann. So dachte jedenfalls Alan Turing, nachdem er am Ende des Zweiten Weltkriegs seine Aufgaben als Entschlüsselungsspezialist in Bletchley Park erledigt hatte.

Um bei solchen Spekulationen Tatsachen und Phantasien auseinanderzuhalten, wollen wir annehmen, daß im Sommer 1949 Sir Ben Lockspeiser, der Chefwissenschaftler der britischen Regierung, und Sir Henry Tizard, der wissenschaftliche Berater des Verteidigungsministeriums, die Frage denkender Maschinen mit dem bekannten Romancier und Physiker (und späteren Regierungssprecher für Wissenschaft und Technologie) C. P. Snow diskutierten und ihn baten, sich im Kreis der Wissenschaftler nach Meinungen zu der Frage umzuhören, mit welcher Wahrscheinlichkeit es zu dieser »Gattungs-Transzendierung« kommen werde. Snow reagierte darauf mit einem zwanglosen Abendessen am Christ's College in Cambridge, seiner Alma mater, zu dem er neben Turing auch einige andere bedeutende Denker einlud. Ihr unterschiedlicher Hintergrund und ihre jeweiligen Interessen waren allesamt für die übergreifende Frage von Belang, ob man jemals imstande sein würde, Maschinen zu bauen, die tatsächlich zum Denken fähig wären. Die folgende Darstellung ist eine fiktionale Wiedergabe der Gedanken, die an diesem Juniabend des Jahres 1949 um den Eßtisch zirkulierten.

## *Kapitel Eins: Sherry*

### EIN ABEND AM CHRIST'S COLLEGE

In seinem leicht zerknitterten Anzug und mit seiner Hornbrille glich der hochgewachsene, zur Glatze neigende Mann einem triefäugigen Basset, wie er so durch seine alten Räume im Christ's College trottete und Simmons, den Diener, anwies, wohin genau das Tablett mit Gläsern und die Sherry-, Whisky- und Wasserflaschen zu stellen seien, und sich überhaupt ganz allgemein ein wenig in jenes Leben zurückversetzte, das er hier als Student verbracht hatte. Ja, Charles Percy Snow war wieder in seinem Element – jedenfalls für diesen Abend. Simmons kannte das natürlich alles und hielt der Snowschen Mischung aus zappliger Nervosität und Nostalgie mit jenem Stoizismus stand, der für die britischen Dienstboten so typisch ist. Schön, Mr. Snow wieder im College zu haben, wenn auch nur kurz, dachte er. Wie in alten Zeiten. Ein Jammer nur, daß er so mit diesem Abendessen beschäftigt ist. Es müssen ein paar sehr wichtige Leute sein, die er erwartet, grübelte der Diener, während er Getränke und Gläser auf die Anrichte stellte.

Während Snow die Vorbereitungen für die Einladung überwachte, gingen seine Gedanken zurück zu einem Gespräch, das er vor kurzem mit Sir Henry[1] über diesen Turing und seine Gruppe in Manchester geführt hatte. Sir Henry zufolge waren sie dabei, eine Maschine zu bauen, die am Ende fähig sein würde, wirklich zu denken, genauso wie ein Mensch. Snow teilte zwar Sir Henrys Skepsis hinsichtlich der Möglichkeit, daß eine Maschine je zu etwas imstande wäre, was auch nur von Ferne dem Schreiben eines Romans wie *Krieg und Frieden* ähnelte oder auch nur ein simples Problem der Logik lösen könnte. Er fand aber ebenso, daß die möglichen Implikationen derart gewaltig waren, daß der Staat sich darum kümmern müsse, falls auch nur die geringste Chance bestand, daß der Versuch gelingen könnte. Keine schlechte Idee von Sir Henry, mir vorzuschlagen, daß ich dieses Essen veranstalte, um der Sache auf den Grund zu gehen, dachte Snow. Mit all den heute abend um den Tisch versammelten akademischen Spezialfächern und naturwissenschaftlichen und philosophischen Fachkenntnissen müßte es doch eigentlich möglich sein, ein wenig auszuloten, ob Turings Träume von einer denkenden Maschine bloße akademische Phantasiegebilde sind oder eine gewisse realistische Grundlage haben.

Dieses öde, trübselige, klägliche Nachkriegs-Britannien, grummelte John Burdon Sanderson Haldane vor sich hin, während sich seine Stimmung im Gleichklang mit dem für die Jahreszeit zu kalten und regnerischen Cambridger Spätfrühlingswetter immer mehr verdüsterte. Als er von St. Andrew's Street her Christ's

1 Sir Henry Tizard, wissenschaftlicher Chefberater des Verteidigungsministeriums.

College betrat, schaute er hinauf zu den beiden raffiniert gemeißelten Mufflons, die den mit Türmchen versehenen Toreingang des Colleges zierten. Es schien ihm, als schauten sie traurig zu ihm herab, und ihre klagenden, antilopenhaften Augen machten den Eindruck, als trauerten sie wie Haldane um ein Empire, das es nie mehr geben würde. Vielleicht, überlegte Haldane, hatten sie ja auch nur Mitgefühl mit einem Fellow, der in ein ortstypisches Unwetter geraten war, wo er sich jetzt doch eigentlich in seinem Stammgasthaus einen glühendheißen Steak-and-Kidney-Pie und ein Schlückchen Whisky genehmigen sollte. Mit diesem wohligen, aber flüchtigen Bild vor Augen, passierte JBS eiligen Schritts auf seinem Weg zu ernsteren Dingen das Tor zum Ersten Hof.

Während er den Ersten Hof durchquerte, gingen Haldanes Gedanken rasch zurück zu der dringlicheren Frage, was sein alter Freund Percy Snow sich wohl gedacht haben mochte, als er darauf bestand, daß Haldane für »ein Häppchen mit ein paar Freunden« in Snows alter Bleibe am Christ's den nächsten Zug aus London nehmen möge. Wenn es denn schon so verdammt wichtig war, weshalb konnten sie sich dann nicht unten in London treffen? Percys standhafte Weigerung, ihm die Gründe für das Abendessen zu eröffnen – über die Aussage hinaus, es sei etwas »ganz auf Ihrer Linie: 'ne Menge Wissenschaft und ein bißchen Philosophie« –, war zumindest irritierend. Und die elende Anreise von London machte es nicht besser. Haldane, der nie ein großer Freund der Britischen Eisenbahnen gewesen war, nicht einmal, als sie sich noch an die Fahrpläne aus Friedenszeiten hielten, fragte sich einmal mehr, ob das Verkehrsministerium wohl mitbekommen hatte, daß der Krieg vorbei war. Der Service heute abend, schimpfte er, brächte einen jedenfalls nicht auf den Gedanken. Jetzt, im Jahr 1949, sollten sich wenigstens die Züge wieder an Fahrpläne halten, selbst wenn es der Rest des Landes nicht tat. JBS geschähe wahrlich kein Unrecht, wenn man seine Stimmung als genauso übel bezeichnete wie das Wetter – mit etwa derselben Wahrscheinlichkeit einer baldigen Aufhellung.

Während er auf dem Weg zum rückwärtigen Fellow's Building am Master's Lodge vorüberhastete, machte der lange, stämmige, glatzköpfige Haldane den Eindruck eines verspielt wachsamen, aber ziemlich schlecht gelaunten Walrosses, ein Eindruck, von dem seine Bekannten sagten, er werde durch seinen buschigen, sandfarbenen Schnurrbart, seine brüske Art und seinen barschen Ton beim Reden nur noch verstärkt. Und sein spitzes Temperament trug dazu bei, daß manche von Haldanes Kritikern bei Korridorgesprächen vor seinem Labor in der Londoner Universität von ihm als »diesem stachligen Kaktus« sprachen.

Während er sich dem Fellow's Building näherte, ging JBS erneut Snows vielsagende Bemerkung durch den Kopf. »'ne Menge Wissenschaft und ein bißchen Philosophie«. Seit wann scherten sich eigentlich hohe Staatsbeamte wie Snow auch nur einen Deut um Philosophie? Und seit wann hatten Seiner Majestät Wissenschaftsberater damit begonnen, sich bei Genetikern Ratschläge einzuholen – und schon gar zu etwas Philosophischem? Verdammt merkwürdig, dachte Haldane, drückte die schwere Eichentür auf und stieg die Treppe zu Percys Räumen hinauf.

Wie Lebewesen drangen die elektrischen Finger der Schmerzen in seinen Unterleib, als tasteten sie nach dem Innersten seiner Seele, und brachten dabei den trägen, grauen Himmel über Cambridge und das geschäftige Treiben der Professoren, Studenten und Händler auf der Sidney Street zum Verlöschen. Ludwig Wittgenstein hielt einen Moment inne und lehnte sich gegen eine Hauswand, während er versuchte, den Schmerz in einen kleinen Winkel seines Bewußtseins zurückzudrängen, wo er beherrschbar, wenn auch nicht besiegbar war. Mit angehaltenem Atem rief er sich die traurigen Geschehnisse der letzten Wochen in Erinnerung, spürte aufs neue die Last des tödlichen Krebses, dem seine älteste Schwester Hermine in Wien erlegen war, ebenjene Geißel, die jetzt auch sein eigenes Leben in ihrem Todesgriff zu halten schien. Sein sonst intensiver, durchdringender Blick und seine gleichmäßigen Gesichtszüge waren dem gespenstischen, hohlwangigen Starren und der blassen Haut eines mittelalterlichen Heiligen in einem El Greco-Gemälde gewichen. So wie die Krankheit fortschritt, schien ihm ein Wunder nötig, um das Diktat seiner Gedanken über Sprachspiele vollenden zu können, ehe er Ende des Monats Cambridge verlassen würde.

Und wie war diese rätselhafte Abendeinladung des Romanciers Snow zu verstehen, eines Mannes, dem er noch nie begegnet war und dessen Bücher er langatmig, mühsam und bei weitem zu »britisch« fand, als daß er sie ernst nehmen konnte? Was mochte in ihn gefahren sein, daß er diese seltsame Einladung angenommen hatte? Vielleicht war es Snows Bemerkung, das heutige Abendessen könne durchaus ein völlig neues Kapitel des modernen philosophischen Denkens eröffnen. Typisches Literatengetöse. Und doch mußte er sich eingestehen, daß es seine Neugier kitzelte, wenn er bedachte, daß seine Arbeiten zur Philosophie der Sprache und des Bewußtseins sogar die Aufmerksamkeit eines eher unbedeutenden Schriftstellers wie Snow gefunden hatte.

Das heutige Abendessen, überlegte er, mochte sich dennoch als interessant herausstellen, besonders wenn Snow sein Versprechen hielt, daß Turing dabei sein werde. Er war Turing nicht mehr begegnet, seit dieser im Frühjahr 1939 seine Vorlesungen zur Philosophie der Mathematik besucht hatte. Obwohl sie damals ihre Differenzen darüber gehabt hatten, was mathematische Wahrheit bedeutet und was es heißt, eine »Berechnung« anzustellen, hatte Turing fraglos seit jenen Tagen ein paar erstklassige Arbeiten zur Beschaffenheit von Rechenmaschinen und deren Beziehung zu Erkenntnistheorie und Bewußtsein vorgelegt. Wittgenstein lächelte in sich hinein und machte sich, als der Schmerz ein wenig nachließ, wieder auf den Weg, die Sidney Street entlang, in Richtung Christ's.

Kurios, wie der eigene Lebenslauf von scheinbar unbedeutenden, sogar belanglosen Wendungen des Schicksals diktiert wird, reflektierte der elegante, kraushaarige Herr im grauen Tweedanzug, als der Zug nach Cambridge endlich aus Londons Liverpool Street Station hinausfuhr. Letzten Monat sprach ich in der BBC über den freien Willen, das menschliche Denken und die der Quantentheorie zugrundeliegende Unbestimmtheit. Und jetzt befinde ich mich unterwegs zu einem meiner Zuhörer, um mit ihm Dinge zu erörtern, die er als »von größter nationaler Bedeutung« bezeichnet. Diesem Snow muß doch bekannt sein, daß ich Ausländer und deshalb nicht in der Lage bin, irgendeine Art geheime Arbeit für die Regierung Seiner Majestät zu leisten. Allerdings wäre es schwierig gewesen, der Einladung nicht nachzukommen. Im übrigen sollte ein Romancier und Politiker von Snows Format zumindest dazu imstande sein, ein ordentliches Abendessen aufzutischen und ein paar passende Gesprächspartner einzuladen. Vielleicht sogar ein, zwei attraktive Damen, dachte der Mann, der ständig auf Ausschau nach neuen Herausforderungen und Eroberungen war – intellektuellen wie persönlichen.

In diesem Jahr 1949 war »der elegante Herr«, Professor Erwin Schrödinger, einer der berühmtesten und in der Öffentlichkeit präsentesten Physiker der Welt. Als einer der Hauptarchitekten der Quantenmechanik hatte er 1933 den Nobelpreis für Physik erhalten, und derzeit leitete er das Institute for Advanced Studies in Dublin. Seit kurzem hatte Schrödinger sich auf einen völlig neuen Forschungsweg begeben, nämlich der Untersuchung der physikalischen Grundlagen lebender Organismen. Während sich sein Zug durch die Londoner Vororte schlängelte, fiel ihm Snows kryptische Bemerkung während ihres kurzen Telefongesprächs ein, daß diese neuen biologischen Interessen ein wesentlicher Aspekt der Angelegenheit sein würden, die er am Abend diskutieren wolle. Jammerschade, daß er dazu nicht weiter in Snow gedrungen war, weil dann vielleicht etwas klarer geworden wäre, was es wohl für einen Zusammenhang zwischen der Physik der lebenden Zellen und Snows mysteriöser Frage »von großer nationaler Bedeutung« geben mochte. Aber egal. In ein paar Stunden würde es sich herausstellen, dachte Schrödinger, und er starrte gedankenverloren in die flachen Weiten der ostenglischen Landschaft.

Meine Güte, brummte der Schaffner in sich hinein, als der drahtige, dunkelhaarige Mann in den Waggon stieg. Es hat etwas Würdeloses, wenn nicht gar Verdächtiges, wenn einer eine Pyjamajacke unterm Sportjackett trägt – besonders wenn das Jackett nicht danach aussieht, als wäre es jemals gereinigt oder auch nur gebügelt worden, dachte der Schaffner, als er durch den Wagen lief und Fahrkarten kontrollierte.

Zweifellos wäre es ein ziemlicher Schock für ihn gewesen, hätte er gewußt, daß der »verdächtig aussehende« Mann im zerknitterten Sportjackett, der nervös seine Zweite-Klasse-Karte nach Cambridge bearbeitete, einer der wichtigsten Mitwirkenden am jüngsten Sieg der Alliierten über Deutschland war, ein zwar der Öffentlichkeit unbekannter Mann, der aber in wissenschaftlichen Kreisen als eine Art exzentrisches Genie galt.

Alan Turing hatte seinen Kriegsdienst in Bletchley Park geleistet, einem auf halber Strecke zwischen Cambridge und Oxford gelegenen Landsitz, und sich dort als Entschlüsselungsspezialist betätigt. Als zu Beginn des Krieges bekannt wurde, daß das deutsche Militär seinen Streitkräften verschlüsselte Befehle sandte und dazu eine Maschine mit dem Namen Enigma einsetzte, analysierten eine Handvoll Mathematiker unter Turings Leitung Methoden, mit Hilfe von abgefangenen Botschaften und verschiedenen Suchtechniken die Arbeitsweise der Enigma-Maschine aufzudecken. Sie entwickelten Strategien, die sie schließlich in die Lage versetzten, Botschaften zu entschlüsseln, so als empfingen sie den unverschlüsselten Text direkt vom deutschen Oberkommando. Am Ende des Krieges hatte Turing genügend tagtäglichen Umgang mit elektronischer Maschinerie und ihrer Verwendung zum Auffinden bestimmter Muster in Daten gehabt, so daß er ernsthaft darüber nachzudenken begann, eine Rechenmaschine zu bauen, die die gedanklichen Prozesse des menschlichen Geistes tatsächlich *kopieren* – wenn nicht gar übertreffen – könnte. Und genau dieser Gedanke beschäftigte ihn an diesem Nachmittag auf der umständlichen Route, die der Zug nehmen mußte, um von Manchester hinunter nach Cambridge zu gelangen.

Achtlos gegenüber den mißbilligenden Blicken des Schaffners, starrte Turing den Großteil der Reise an die Decke und dachte über den Lister-Vortrag nach, den Anfang des Monats der berühmte Neurochirurg Sir Geoffrey Jefferson, sein Universitätskollege aus Manchester, gehalten hatte. Wie verbohrt einer doch sein kann, ärgerte sich Turing, zu denken, daß eine Maschine, nur weil sie nicht aus biologischen Bestandteilen wie Fleisch und Knochen besteht und keine Emotionen wie ein heulender Hund oder ein lachendes Baby hat, nicht zu rationalem Denken fähig ist? Diesmal, kicherte Turing in sich hinein, ist der alte Jefferson ins Fettnäpfchen getreten, als er diese gefühlsbeladenen und völlig unbegründeten Argumente in die Welt setzte und behauptete, wenn eine Maschine kein Sonett schreiben und kein Konzert komponieren könne, dann könne sie auch kein intelligentes, menschenähnliches Verhalten aufweisen. Der Mann scheint doch tatsächlich zu glauben, daß das Denken von dem herrührt, woraus das Gehirn gemacht ist, und nicht von dessen Wirkungsweise. Genausogut könnte man glauben, daß eine aus Stahl und Glas gemachte Armbanduhr nicht die Zeit angeben kann, weil sie kein schwingendes Pendel und keinen Holzkasten wie Großvaters Standuhr hat. Wie kommt die BBC überhaupt dazu, einen derart schwachsinnigen Vortrag über den Sender zu schicken?

Turing hoffte, das heutige Abendessen werde dazu beitragen, die Dinge wieder ins rechte Licht zu rücken. Snows Versprechen, ein paar einflußreiche Leute zu einem vernünftigen wissenschaftlichen Gespräch über die Möglichkeit zum Bau einer intelligenten Maschine zusammenzubringen, konnte eigentlich nur dazu dienen, Klarheit zu schaffen. Dieser Snow schien die richtigen politischen Beziehungen zu haben, und seine Behauptung, sowohl das Wissenschafts- wie das Kriegsministerium seien an der *Automatic Computing Engine* interessiert, war doch ein höchst ermutigendes Zeichen, dachte Turing. Er nahm sich vor, irgendwann am Abend mit Snow privat darüber zu sprechen, wie man an staatliche Unterstützung für den Bau der ACE[2] herankommen könne.

Im eichengetäfelten und mit Deckenbalken ausgestatteten Eßzimmer seiner Wohnung drehte sich Snow um, schaute durch die Tür, die das Eßzimmer mit dem Salon verband, und richtete seinen Blick auf die Tafel über dem dortigen Kamin. Sie erinnerte an einen anderen Charles, Charles Darwin, der in ebendiesen Räumen gewohnt hatte, als er vor mehr als anderthalb

2 *Automatic Computing Engine,* automatische Berechnungsmaschine

Jahrhunderten Fellow am Christ's College gewesen war. Wie groß, dachte Snow, sich der zeitlosen Worte Wordworths erinnernd, ist das Privileg derer, die auserwählt sind, »nach Cambridge zu kommen, den Fußstapfen illustrer Männer zu folgen, dieselben Tore zu durchschreiten, zu schlafen, wo sie geschlafen haben, zu erwachen, wo sie erwacht sind«. Und wie passend schien es ihm, daß die Unterhaltung heute abend in Räumen stattfinden würde, die jenen Mann beherbergt hatten, der fast im Alleingang die Erforschung des Menschen aus dem subjektiven, emotionalen Reich der Theologie in die objektive, rationale Domäne der Wissenschaft katapultiert hatte.

Die abendliche Diskussion würde sich mit Sicherheit um die Frage drehen, was den Menschen zum Menschen und nicht zu einer Maschine macht, und das war nun sicher ein Thema, in das Darwin mit einigem Enthusiasmus eingestiegen wäre. Wie stumpf man gegenüber der Stimmung vergangener Zeiten auch sein mochte, es gab nach Snows Überzeugung doch Momente, in denen man davon berauscht war. Es ist eine Art Dunst, sinnierte er, der einen in diesen Räumen umfängt, wenn man hinaus zur College-Kapelle schaut, die uralten eichenen Paneele berührt oder über die Dächer zum King's College hinüberblickt. Wenn Darwin heute in den Ersten Hof hereinkäme, dachte Snow, würde er sich sofort zu Hause fühlen; alles ist hier schon so lange gleich geblieben, daß Snow sich fragte, ob es sich je ändern würde – und insgeheim hoffte, daß es nicht dazu käme.

Snow sank in einen der Fenstersitze im Salon nieder, von wo aus man den Ersten Hof überblickte, und gönnte sich einen Moment des Träumens, in dem er seine Gedanken zu den vielen Abenden zurückwandern ließ, die er in diesem Raum verbracht hatte: Allberrys[3] Darlegungen über die Fallstricke der Übersetzung koptischer Texte lauschend oder bei dem Versuch, mit Trend[4] Konversation zu treiben, seinem allzu erregbaren Nachbarn am anderen Ende des Flurs, einem Mann, der immer imstande war, seine Sätze auf englisch zu beginnen, aber völlig unfähig, sie irgend anders als auf spanisch oder portugiesisch zu beenden. Vor allem aber dachte Snow an Hardy[5], dessen Tod vor gut einem Jahr ihn so schmerzlich getroffen hatte. In seinem Kopf konnte er fast Hardys sanfte Stimme hören, wie sie noch einmal »Benoten Sie diesen Mann« sagte, wenn er Snow ein weiteres Mal in seiner unnachahmlichen Art aufforderte, die Kricket-Fähigkeiten eines der neuen Spieler im Fenner's[6] zu beurteilen. Diese frühsommerlichen Spaziergänge mit Hardy zu Fenner's, auf die ein paar Runden Stumpz[7] folgten, gehörten zu Snows schönsten Erinnerungen an seine Zeit in Cambridge. Wie einfach und irgendwie *reiner* das Leben einem vorgekommen war in jenen friedlichen Tagen, bevor die Welt in Flammen aufging!

---

3 C. R. C. Allberry, ein Orientalist und Fellow des Christ's College, der während des Krieges im Dienst der Royal Air Force umgekommen war.

4 John Brande Trend, Professor für Spanisch und Fellow des Christ's College.

5 Godfrey Harold Hardy, ein berühmter Mathematiker, Professor für Mathematik, Fellow am Trinity College und einer von Snows engsten Freunden in Cambridge.

6 Der Kricket-Platz der Universität Cambridge.

7 Ein Kricket-Brettspiel.

He! Was soll denn der Radau im Korridor? Aus seinem Tagtraum auffahrend, sprang Snow aus seinem Lehnstuhl und ging zur Tür, wo das Klopfen und Hämmern immer heftiger wurde.

»Klar, Haldane. Bei dem Krach im Durchgang und dem Getrommel an der Tür hätte ich mir denken können, daß Sie es sind. Hereinspaziert, und legen Sie den nassen Mantel ab. Wie war die Fahrt von London?«

»Scheußlich, wenn Sie's denn schon wissen wollen«, schnarrte Haldane. »Überfüllte Abteile und verspätete Abfahrten verheißen nichts Gutes für die Aussichten der Britischen Eisenbahnen, wieder zu Vorkriegsstandards zurückzufinden. Kann auch nicht behaupten, daß es meine Stimmung hebt«, setzte er säuerlich hinzu.

Haldane tat einen raschen Rundblick durch den Salon, legte dann seinen Stutzer und den schwarzen Homburg ab, begab sich zu einem der Sessel am Fenster und schaute sich in der Suite um, als suchte er nach einem geneigten Ohr, an das er seine tiefempfundenen Beschwerden über das Wetter oder die Britischen Eisenbahnen – oder beide – richten könnte.

»Mir scheint, ich bin der erste. Muß schon sagen, ich fand Ihre Einladung ein bißchen merkwürdig, Snow. Was soll das ganze Theater um Rechenmaschinen, Bewußtsein und Philosophie? Was haben diese Dinge mit ›nationalen Interessen‹ zu tun?«

Snow, der dieser Tirade mit stillem Amüsement folgte, fragte sich, welche Marotte an diesem Abend wohl in JBS gefahren sein mochte. Um seinen Freund zu beruhigen, setzte Snow ein rätselhaftes Lächeln auf und sagte: »Alles zu seiner Zeit, alles zu seiner Zeit. Lassen Sie uns warten, bis die anderen Gäste eintreffen, bevor wir uns in diese Dinge vertiefen. Kann ich Ihnen derweil einen Tropfen Sherry anbieten?«

»Genau das Richtige, mein Freund. Und wenn ich mich nicht irre, sieht es so aus, als hätten Sie eine ziemlich anständige Flasche Amontillado dort drüben auf der Anrichte. Es macht sich eben doch bezahlt, Fellow eines reichen Colleges wie Christ's zu sein, nicht wahr, Snow?«

»Jetzt nur noch Fellow ehrenhalber, um ehrlich zu sein«, erwiderte Snow. »Aber der Master läßt uns alten Knaben manchmal unseren Willen.«

»Wenn ich mich nicht irre, sind gerade noch einige Ihrer Gäste eingetroffen«, sagte Haldane, als Snow ihm gerade ein Glas Sherry reichte.

Snow stellte sein Glas ab und ging in den Flur, während seltsame Klänge einer fremden Sprache in die Wohnung drangen. Als er die Tür öffnete, erkannte Snow Wittgenstein und Schrödinger, die zur gleichen Zeit eintrafen. »Aha, unser österreichisches Kontingent! Sehr gut. Ich dachte mir schon, ich hätte deutsche Klänge draußen im Flur gehört. Und auch noch pünktlich. Nichts bewundere ich mehr an einem Mann als Pünktlichkeit. Bitte treten Sie ein.«

Die österreichische Nationalität, das Leben im Ausland und eine Vorliebe für philosophische Fragen sind so ziemlich das einzige, was Schrödinger und Wittgenstein miteinander gemein haben. Schrödinger, der Sohn eines in der Industrie tätigen Chemikers und Amateurbotanikers, macht im dreiteiligen grauen Tweedanzug eine glänzende Figur, mit strahlendblauen Augen hinter der metallgefaßten Gelehrtenbrille, die auf Photos jener Physikergruppe – Heisenberg, Bohr, Pauli, de Broglie, Born, Dirac und Schrödinger –, welche die Revolution in der Quantentheorie herbeigeführt hatte, zu seinem Markenzeichen geworden ist. Diese Brille sitzt unter einer hohen Stirn und hellbraunem Kraushaar, ein kleiner Teil des Äußeren einer Persönlichkeit, die eine ungewöhnliche Kombination von großem persönlichem Charme und völliger Selbstbezogenheit ausstrahlt. Bei jemandem, der für sein komplexes und ungebührliches Sexualleben bekannt ist, in dessen Zentrum der delikate Balanceakt eines Zusammenlebens mit Frau und Geliebter im streng katholischen Umfeld Dublins liegt, ist das nicht ganz ohne Ironie. Ein im westlichen Verständnis völlig unreligiöser Mann, hat Schrödinger seit langem jegliche auf kollektiven Belangen basierende Ethik verworfen und in seiner Person und seinen Veröffentlichungen eine persönliche Variante der wedischen Vorstellung vertreten, wonach das Selbst und die Welt ein und dasselbe sind – und es darüber hinaus nichts gibt.

Im Gegensatz dazu war Wittgenstein sein ganzes Leben lang in das moralische Ringen des Versuchs verstrickt, ein – wie er es nennt – »anständiger« Mensch zu sein. Für ihn war das ein immerwährender Kampf, die Versuchungen des Stolzes und der Eitelkeit, unehrlich zu sein, zu besiegen. Anders als Schrödinger ist Wittgenstein von einer fundamentalen religiösen Moral erfüllt, die sich in der Auffassung verbirgt, daß man, um die Ethik zu verstehen, die Welt als Ganzes sehen müsse. Diese Überzeugung hatte wiederum zu seinem Dienst als Krankenpfleger während des Zweiten Weltkrieges sowie zu einer tiefempfundenen Sympathie für die Nöte der Arbeiterklasse geführt. Während er jetzt unter Schmerzen in den Salon schlurft, wirkt Wittgenstein blaß und irgendwie geschrumpft, und er sieht wie ein Mann aus, der sich damit abgefunden hat, daß sein Tod nicht mehr lange auf sich warten läßt.

»Bitte bedienen Sie sich mit etwas Trinkbarem von der Anrichte«, bot Snow an. »Wir haben einen ziemlich guten Sherry aus dem College-Keller. Oder vielleicht bevorzugen Sie etwas Stärkeres?«

Schrödinger goß sich einen ordentlichen Whisky ein und tat einen Schuß Soda dazu. Wittgenstein, der Snows Einladung an die Bar ignorierte und überhaupt ein Mann war, der von Natur aus außerstande war, das bei derlei Situationen übliche Geplapper und Getue zu ertragen, verdrückte sich auf die andere Seite des Raumes.

Snow, den Wittgensteins unerwartet schlechtes Benehmen und absonderlich verschlossenes Verhalten etwas verblüffte, begab sich zu ihm, und beide starrten für ein paar Augenblicke gedankenverloren aus dem Fenster hinüber zur Master's Lodge auf der anderen Seite des Innenhofs. Schließlich sprach Snow, dem das fortdauernde Schweigen unbehaglich wurde, Wittgenstein sein Beileid zum Tod dessen Schwester aus.

»Ja, diese letzten Monate waren schwer für unsere ganze Familie«, entgegnete Wittgenstein sanft. »Krebs muß einfach einer der schmerzhaftesten Tode sein, und Hermine hat am Ende sehr gelitten. Gott sei Dank ist jetzt alles vorbei«, sagte er nachdenklich und starrte dabei weiter hinaus in den sich verdunkelnden Frühsommerabend und den in den Hof peitschenden Regen.

Als Schrödinger zu ihnen ans Fenster trat, gratulierte ihm Snow zu seiner jüngst erfolgten Wahl zum ausländischen Mitglied der Royal Society. »Eine große Ehre. Allerdings nehme ich nicht an, daß es so ganz dasselbe ist wie das erregende Gefühl, einen Nobelpreis zu bekommen, oder?« fragte Snow.

»Es ist immer ein Quell der Befriedigung, von Gleichrangigen durch irgendeine Art Ehrung oder Preis anerkannt zu werden. Es berührt mich freilich eigenartig unangenehm, dadurch in die Lage eines Propheten versetzt zu sein, der in seinem eigenen Lande nichts gilt«, bemerkte Schrödinger.

»Darf ich daraus schließen, daß Sie erwägen, nach Österreich zurückzukehren?« wollte Snow wissen.

»Nicht in nächster Zeit, fürchte ich. Der Krieg mag vorbei sein, aber noch immer regieren die gleichen gefährlichen Dummköpfe das Land. Und diese Nazis, mein Freund, sind wie Elefanten. Sie haben ein langes Gedächtnis. Sie werden nicht so bald vergessen, daß ich mich während meines kurzen Aufenthalts in Graz offen gegen sie ausgesprochen habe – und ich werde es ebensowenig.«

Haldane, der über Schrödingers bittere Erinnerungen an die jüngst vergangene Nazizeit in Österreich hinwegging, mischte sich ins Gespräch und fragte Wittgenstein nach einem kursierenden Gerücht, wonach er nach Irland gezogen sei, nachdem er zwei Jahre zuvor als Nachfolger von G. E. Moore vom Lehrstuhl für Philosophie in Cambridge zurückgetreten war.

»Ich halte mich in Dublin auf, seit ich aus Cambridge fortgegangen bin«, erwiderte Wittgenstein, »obwohl ich momentan Freunde hier in Cambridge besuche.«

»Woran arbeiten Sie gerade?« fragte Haldane.

»Zumeist beschäftige ich mich damit, Gedanken der letzten paar Jahre für die Veröffentlichung zu ordnen. Schon in wenigen Wochen breche ich nach Amerika auf, um Malcolm zu besuchen, einen meiner früheren Studenten, der inzwischen Professor an der Cornell University in den USA ist, und ich möchte das Diktat meiner Notizen abschließen, bevor ich abfahre.«

Wittgenstein hielt einen Moment inne, um darüber nachzusinnen, wie sich seine Gedanken zur Sprache in den vergangenen zwanzig Jahren verändert hatten, und er ließ in seinem Kopf seine Auffassung Revue passieren, daß es sich bei der Sprache um ein öffentliches oder gesellschaftliches Phänomen handelt. Dann erläuterte er: »In diesen Notizen beabsichtige ich herauszuarbeiten, daß Sprache nur funktionieren kann, wenn die Regeln von mehr als einer Person akzeptiert werden. Wissen Sie, Sprache ist eine öffentlich verfügbare soziale Realität, nicht irgend etwas Wesenhaftes, dessen Eigentliches sich durch bloßes Nachdenken im eigenen Kopf erarbeiten läßt.«

»Ich bin zwar kein Philosoph von Beruf«, sagte Haldane, »aber steht nicht diese Auffassung von Sprache in diametralem Gegensatz zu derjenigen, die Sie früher in Ihrem Buch *Tractatus Logico-Philosophicus* vertreten haben? Dort schienen Sie mir zu sagen, die Welt müsse aus einfachen Gegenständen bestehen, die auf bestimmte Weisen miteinander in Beziehung treten können – unabhängig vom Menschen und der Sprache. Das hieße nach meinem Eindruck, daß die Welt aus Tatsachen besteht, die lediglich Neuordnungen von simplen ›atomaren‹ Gegenständen sind. Oder irre ich mich?«

»Ja, damals fand ich tatsächlich, daß alle bedeutungsvollen Aussagen sich als Gruppen von Aussagen analysieren oder zerlegen lassen, die wie Abbildungen der Anordnung von Gegenständen beschaffen sind. Wäre dem in der Tat so, dann wäre die Analyse solcher Aussagen die richtige Methode der Philosophie. Bedeutung wäre damit in eine abbildende Beziehung verwandelt. Jetzt aber verwerfe ich diese Auffassung von Bedeutung als einem Werkzeug. Ich bin überzeugt, daß die Bedeutung einer Aussage schlicht die Summe sämtlicher Möglichkeiten ist, in der die Aussage verwendet werden kann.«

Als nächstes ging Wittgenstein daran, dieses neue Verständnis von Bedeutung zu veranschaulichen. »Denken Sie an das, was ich als ›Sprachspiel‹ bezeichne. Spiele haben zwei höchst wichtige Eigenschaften, die auch für den Alltagsgebrauch von Sprache relevant sind. Die erste ist, daß es sich bei Spielen um von Regeln bestimmte Verhaltensweisen handelt, und die zweite, daß sie durch eine Art Familienähnlichkeit miteinander verbunden sind. Schach und Dame sind dafür gute Beispiele.«

»Schön, aber was ist, wenn ich Zahnschmerzen habe?« fragte Haldane. »Wie machen Sie daraus ein Bild?«

»Es ist schlicht falsch, zu denken, daß in dem Moment, wo wir etwas wie ›Ich habe Schmerzen‹ sagen, diese Schmerzen ein bestimmtes, identifizierbares inneres Objekt sind, das wir in uns bemerken und von dem wir anderen Leuten erzählen. Wir können von unserem geistigen Leben nicht in einer Weise sprechen, als ob wir über private Erfahrungen berichteten. Zu einer solchen Sicht aber würde meine frühere Bildtheorie verleiten. Heute sage ich, daß Verhalten und

Umstände für das Verständnis dessen, wie wir über geistige Vorgänge sprechen, unerläßlich sind.«

»Wenn wir Sie richtig verstanden haben«, sagte Haldane, »ist Ihre Schlußfolgerung die, daß es nicht möglich ist, in der altmodischen kartesianischen Weise über unser Wissen von Bewußtsein zu sprechen. Wir können nicht unbekümmert davon ausgehen, daß es sich bei den Inhalten der Welt um zwei ganz und gar unterschiedliche Arten handelt: um eine Außenwelt der festen, sichtbaren Gegenstände in Raum und Zeit und um eine Innenwelt der Gedanken und Gefühle. Ihre neue Sprachtheorie würde sagen, daß diese beiden Welten sich eng überschneiden und daß sich nicht über innere Gedanken und Gefühle sprechen läßt, ohne daß dieses Sprechen verbunden wäre mit der Äußerung von Gedanken und Gefühlen in den Umständen, unter denen sie entstehen. Ist das richtig?«

Bevor Wittgenstein antworten konnte, mischte sich Snow ein, um diesen gelehrten Diskurs abzubrechen. »Nun erzählen Sie mir, Wittgenstein, wie Sie das Leben außerhalb des akademischen Rahmens von Cambridge so finden?«

Das war nun eindeutig ein Thema, für das Wittgenstein beachtliche Energie aufbrachte; rasch drehte er sich zu Snow um, und zumindest für einen Moment schienen seine Augen jenes bekannte intensive Funkeln wiedergewonnen zu haben, als er lebhaft antwortete: »Unendlich viel vorteilhafter. Das Akademikerleben ist abscheulich. Das Getratsche meines College-Zimmermädchens übertraf bei weitem die unseriöse Schlagfertigkeit bei den Mahlzeiten am Professorentisch. Einstein hatte ganz recht, als er sagte, wenn man wirkliche intellektuelle Arbeit leisten wolle, wäre man besser beraten, sich tagsüber seinen Lebensunterhalt als Schuster zu verdienen und das wirkliche Denken nachts zu tun.«

Obwohl Haldane selbst ein ewiger Außenseiter des britischen akademischen Establishments war, war ihm doch die Heftigkeit von Wittgensteins Ausbruch gegen die akademische Welt etwas unangenehm, weshalb er denn auch versuchte, die Diskussion auf weniger strittiges Terrain zurückzuholen. Zu Wittgenstein gewandt, bemerkte er: »Einige meiner marxistischen Kollegen in London erwähnten, daß Sie vor einer Weile vorhatten, nach Rußland zu ziehen und eine Stelle als Lehrer in Moskau anzutreten. Ist da irgend etwas dran?«

»Ich habe tatsächlich 1935 Rußland besucht. Aber ich wollte ihnen durch Arbeit auf einer Kolchose beim Aufbau des Kommunismus helfen und nicht mit Unterricht in der Großstadt. Was mich interessiert, ist die Arbeiterklasse, nicht die Intelligenzija.«

»Und was ist passiert?« fragte Schrödinger.

»Was passierte? Ich entdeckte, daß das Leben in Rußland dem eines einfachen Soldaten in der Armee sehr ähnelte. Nichts konnte meine Sympathie für das russische Regime schneller zerstören als die dort wachsenden Klassenunterschiede. Sie sind so groß, daß Großbritannien im Vergleich dazu ausgesprochen egalitär anmutet. In meinem Herzen bin ich tatsächlich ein Kommunist. Mein Problem ist, daß es das russische Regime nicht ist.«

»Auch ich habe Rußland mehrfach besucht«, sagte Haldane, »und war sehr angenehm beeindruckt vom dortigen Umgang mit Wissenschaftlern und der Wissenschaft. Aber ich kann nicht behaupten, daß mir Stalins Art von Kommunismus wirklich akzeptabel erscheint; sie ist einfach viel zu ausschließlich ökonomisch.«

»Denken Sie an die spirituelle Reinheit, die vom kommunistischen Ideal herrührt, Haldane. Es ist die Arbeiterklasse in den Kolchosen und Fabriken, die eine gesunde, moralische Gesellschaft errichten wird, nicht die Wissenschaftler in ihren Labors oder die Bürokraten und Generäle in ihren Büros«, intonierte Wittgenstein.

Mit einiger Schärfe antwortete Haldane: »Bis zu dieser Lyssenko-Geschichte letztes Jahr wäre ich genau der entgegengesetzten Auffassung gewesen. Jetzt aber bin ich mir nicht mehr so sicher. Stalins Einmischung in die Wissenschaften und wie er mit allen umgeht, die Lyssenkos sonderbare genetische Theorien in Frage stellen, zwingen mich, meinen Enthusiasmus für die marxistische Ideologie zu überdenken. Ich ertrage einfach nicht diese brutale Art, in der man auf Lyssenkos Gegnern herumtrampelt.«

»Tyrannei empört mich nicht«, sagte Wittgenstein. »Wichtig ist, daß die Leute Arbeit haben.«

Der Mann ist ein Bündel von Widersprüchen, dachte Haldane und brachte es nicht über sich, auf so eine befremdliche Aussage eine Antwort zu geben. Statt dessen wandte er sich von dem Gespräch ab und zog sich an die Anrichte zurück, um sein Glas wieder zu füllen.

Snow und Schrödinger waren mittlerweile auf die andere Seite des Raumes hinübergegangen und befanden sich in einer lebhaften Diskussion über das Problem des freien Willens, das Schrödinger einige Wochen zuvor in seiner BBC-Sendung aufgebracht hatte, in der er über die Rolle von Elektronen bei menschlichen Denkprozessen gesprochen hatte.

Schrödinger erläuterte, daß seiner Ansicht nach »die Ungewißheit, die aus der quantenmechanischen Natur des Elektrons herrührt, rein gar nichts mit dem Problem des freien Willens versus Determinismus zu tun hat, soweit es um menschliches Verhalten geht. Und dies trotz der unbezweifelbaren Tatsache, daß alles Verhalten letzten Endes auf elektrischer Aktivität im Gehirn beruht. Ich muß jedoch sagen, daß ich in letzter Zeit nicht viel über echte Physik nachgedacht habe. Vielmehr scheinen meine Gedanken zu meinen ursprünglichen philosophischen Interessen zurückgekehrt zu sein. Seine erste Liebe vergißt man anscheinend nie.«

»Wie wahr«, stimmte Snow zu. »Aber diese Arbeit über die Beziehung zwischen Elektronen und Gedanken klingt mir so, als betrieben Sie ebensosehr Biologie wie Philosophie. Ich habe mir Ihr kleines Buch *Was ist Leben?* angesehen, und die darin aufgeworfenen Fragen über die Physik lebender Systeme scheinen mir sehr wichtig für unsere Diskussion heute abend.«

»Damit sind wir wieder beim springenden Punkt, Snow. Wozu haben Sie uns eigentlich hierhergeholt?«

»Gerade erst habe ich Haldane gesagt, daß ich Ihnen alles mitteilen werde – zu gegebener Zeit. Ich glaube allerdings, Sie werden zu der Ansicht gelangen, daß sich die Reise für Sie gelohnt hat. Wenn schon nicht mehr dabei herauskommt, die College-Küche hat uns jedenfalls ein anständiges Essen versprochen. Und ich wage die Behauptung, daß man so etwas in diesen Tagen nicht auf die leichte Schulter nehmen sollte. Es steht jedoch noch ein weiterer Gast aus, und nach der Uhrzeit zu schließen, ist er wie die meisten Mathematiker ein bißchen schlampig, wenn's darum geht, Verabredungen einzuhalten. Aber ich bin sicher, daß er binnen kurzem da sein wird.«

Wittgenstein, der zu Snow und Schrödinger getreten war, wandte sich an Snow mit der spitzen Bemerkung: »Ihre Einladung erwähnte eine Angelegenheit von potentiell großer nationaler Wichtigkeit. Mir fällt aber auch rein gar nichts ein, das mich als Philosophen interessieren und das zugleich für die Regierung Seiner Majestät von Bedeutung sein könnte. Ein Philosoph ist nicht Bürger irgendeiner Ideengemeinschaft. Gerade das macht ihn zum Philosophen. Und was immer Sie auch vorhaben, wenn es etwas mit dem Militär zu tun hat, können Sie mich gleich außen vor lassen. Jetzt, wo der Krieg vorbei ist, bin ich nicht mehr bereit, mich auch nur einen Augenblick diesem verdammten ›Kalten Krieg‹ zu widmen, der sich gerade zwischen den Amerikanern und den Russen entwickelt. Ich hoffe also, daß dies nicht der Grund ist, weshalb Sie uns hier an diesem Abend hierhergeholt haben.«

»Lieber Freund, gestatten Sie, daß ich Ihre Befürchtungen in dieser Hinsicht beruhige. Jeder von Ihnen bringt einen sehr speziellen Hintergrund und Standpunkt zu diesem Treffen mit, der von äußerster Wichtigkeit für die Fragen ist, die ich Ihnen heute abend vorlegen möchte. Das Militär mag zwar durchaus ein Interesse an unserer Unterredung haben, aber die Dinge, die ich heute abend zur Sprache bringen möchte, haben keine unmittelbaren – oder auch nur langfristigen – militärischen Implikationen. Dies ist eine rein informelle Begegnung kluger Köpfe mit dem Ziel, Ihre Ansichten zu einigen hoch spekulativen und, wie ich sagen muß, grundsätzlich philosophischen Fragen in Erfahrung zu bringen.«

In diesem Augenblick war vom Flur her ein schwaches Klopfen zu hören. Haldane brummte: »Hoffen wir, daß es sich um Ihren noch fehlenden Gast handelt, Snow. Ich sehe mal nach.«

Beim Öffnen der Tür sah sich Haldane einem schmächtigen Mann im abgetragenen Regenmantel gegenüber. Unter dem Sportjackett, das er unter dem Mantel trug, lugte der Kragen einer Pyjamajacke hervor. Eine Flanellhose, die so aussah, als werde sie von einem Stückchen Schnur oder vielleicht Draht gerade noch so gehalten, vervollständigte das Bild des typisch unordentlichen Akademikers. »Ah, Dr. Turing, nehme ich an?« scherzte Haldane.

Turing war wie die meisten Mathematiker eigentlich ein introvertierter Mensch, weit mehr in abstrakten Symbolen und der Unentrinnbarkeit logischer Argumentationsketten zu Hause als in den unausgesprochenen Mehrdeutigkeiten, Andeutungen und nervtötenden Unwägbarkeiten der Sphäre des Menschlichen. Während Haldane und Snow ihn ins Zimmer führten, brachte Turing stotternd eine Entschuldigung für sein verspätetes Eintreffen hervor, wobei er halbherzig etwas von Problemen mit den Zugverbindungen von Manchester murmelte.

»Die Britischen Eisenbahnen sind unübertrefflich, wenn's darum geht, einen Mann zu spät dorthin zu bringen, wo es was zu trinken gibt«, stimmte ihm Haldane zu.

»Wir haben uns schon gefragt, wo Sie wohl stecken, Turing«, sagte Snow in leicht verdrossenem Ton. »Nett von Ihnen, daß Sie es heute abend hierher geschafft haben. Kann ich Ihnen einen Sherry anbieten? Aber warten Sie! Vielleicht befinden Sie sich ja gerade im

Training für eines dieser Langstreckenrennen, an denen Sie, wie man hört, teilnehmen. Sollte das der Fall sein, bevorzugen Sie vielleicht etwas weniger Alkoholisches?«

»Ja, danke. Etwas Wasser oder ein Glas Sprudel wäre sehr schön«, antwortete Turing in ruhigem, fast schüchternem Ton.

»Kennen Sie die anderen Gäste – Schrödinger, Haldane, Wittgenstein?«

»Wittgenstein und Haldane kenne ich natürlich«, erwiderte Turing scheu. »Vor ein paar Jahren habe ich Wittgensteins Vorlesungen über die Grundlagen der Mathematik besucht. Aber Professor Schrödinger bin ich noch nie begegnet«, sagte Turing und wandte sich dem Mann aus Dublin zu.

»Freut mich, Turing«, lächelte Schrödinger und schüttelte ziemlich schwungvoll die Hand des Jüngeren. »Ich bewundere Ihre mathematischen Arbeiten schon eine ganze Weile. Es freut mich sehr, daß ich endlich die Gelegenheit habe, mit Ihnen zusammenzutreffen.«

Als er sich umwandte, um Wittgenstein zu begrüßen, brach Turing in sein charakteristisches Stottern aus. Wittgenstein, dem das etwas peinlich war, bedankte sich für den Nachdruck eines Artikels zur Mathematik des Berechnens, den ihm Turing geschickt hatte, und er erwähnte, daß er die Forschung in diesem Bereich mit großem Interesse verfolgt habe. Dann fragte er Turing, was dieser während des Krieges gemacht habe.

»Den Großteil davon verbrachte ich mit der Entwicklung von Methoden zum Entschlüsseln von Codes«, antwortete Turing. »Diese Tätigkeit brachte mich dazu, darüber nachzudenken, wie sich wohl physikalische Geräte konstruieren ließen, die theoretische Berechnungen jener Art ausführen könnten, wie ich sie in meiner früheren Arbeit skizziert habe. So beschäftige ich mich jetzt also mit den theoretischen und ingenieurtechnischen Problemen im Umfeld der Konstruktion einer derartigen ›Rechenmaschine‹.«

»Heißt das, daß Sie eine richtige Maschine konstruieren, die Regeln befolgt, um Berechnungen anzustellen?« wunderte sich Wittgenstein lautstark. Aus seiner Stimme klang leichter Unglauben.

»Ja, genau das tue ich. Es ist jetzt gerade ein Jahr her, daß mir einer meiner Kollegen in Manchester den ersten Satz Regeln für solch eine Maschine aufgeschrieben hat. Wir nennen diese Regeln ein *Programm*«, äußerte Turing voller Stolz. »Diesem Programm gelang es, den größten Faktor einer sehr großen Zahl zu berechnen.«

»Wie groß genau?« fragte Haldane.

»Ich entsinne mich nicht mehr genau an die Zahl, aber das spielt sowieso keine große Rolle. Diese Berechnung war nur dazu gedacht, das Funktionieren der Maschine zu testen. Wirklich wichtig ist aber, daß wir jetzt eine Maschine haben, die Berechnungen genau wie ein menschlicher ›Rechner‹ anstellen kann. Nach meiner Ansicht steckt da noch erheblich mehr drin. Eine numerische Berechnung wie das Ermitteln des größten Faktors einer bestimmten Zahl ist einfach nur ein Spezialfall einer bei weitem allgemeineren Art von Operation, nämlich der Manipulation von Symbolen. Nach meiner Meinung ist dies das entscheidende Moment auch des menschlichen Denkens. Unsere Hoffnung geht also dahin, bald eine Maschine bauen zu können, die wirklich denken kann wie ein Mensch.«

»Kompletter Quatsch«, rief Wittgenstein aus. »Es ist

unsinnig, den Begriff ›Denken‹ auf irgendeine Maschine anzuwenden – ob es nun eine Rechen- oder eine Dampfmaschine ist. Denken verlangt Geisteszustände. Und die Eigentümlichkeit, einen Geisteszustand zu haben, ist unauflösbar verknüpft mit der ganzen Umtriebigkeit des menschlichen Alltagslebens. Sie bringen hier zwei völlig verschiedene Dinge durcheinander, Turing, wenn Sie von der Ausführung mathematischer Berechnungen durch eine Rechenmaschine sprechen und sagen, daß diese Maschinen wirklich denken könnten.«

Snow, der merkte, daß eine hitzige Diskussion begonnen hatte, trat hinzu, um die Streithähne zu trennen. Er streckte seine Hände in einer besänftigenden Geste aus und bat damit Turing und Wittgenstein, sich ihre Argumente für später aufzuheben. »Bitte, meine Herren«, plädierte er, »ich sehe, Sie sind bereits bei einer der zentralen Fragen angelangt, derentwegen ich Sie hierher gebeten habe. Darf ich also vorschlagen, daß wir uns ins Eßzimmer begeben und diese Diskussion während des Abendessens fortsetzen?«

»Ich könnte etwas zu essen vertragen«, pflichtete Haldane bei. »Was halten Sie davon, Schrödinger, wollen wir nach drüben ins Eßzimmer gehen?«

»Ganz nach meinem Geschmack. Aber ich möchte gern mehr, und zwar sehr viel mehr über Turings ›denkende Maschine‹ erfahren. Wie ist sie aufgebaut? Auf welche Prinzipien der Physik und Mathematik greift sie zurück? Und wie *denkt* sie tatsächlich? Ich werde diese Räume heute abend nicht verlassen, bevor uns Turing nicht über all diese Dinge einen vollständigen Bericht erstattet hat.«

# *Kapitel Zwei: Suppe*

## GEHIRNE UND MASCHINEN

Ein fröhliches Feuerchen knisterte im Kamin unterhalb der Darwin-Tafel und verbreitete eine wohlige Wärme, denn der Abend war für die Jahreszeit ungewöhnlich kühl. Die Gäste plazierten sich um den vornehm gedeckten, rechteckigen Eichentisch, der für fünf Personen gedeckt war: Turing saß Wittgenstein gegenüber, während Schrödinger Haldane gegenüber Platz nahm. Als Snow sich den Stuhl an seinem eigenen Platz am Kopf der Tafel hervorzog, wies er Simmons an, die Suppe zu bringen, eine deftige, mit viel Sahne zubereitete Hummercremesuppe.

»Erstklassige Suppe, Snow. Kompliment an die Collegeküche«, verkündete Haldane, dessen Gemüt sich seit dem Erscheinen des Dieners mit der Suppe erheblich aufgehellt zu haben schien. Er nahm sich eine Scheibe Brot aus dem Korb auf dem Tisch und bemerkte: »Es sieht ganz danach aus, als wäre für Christ's College die Knappheit der Kriegszeit eine Sache der Vergangenheit – jedenfalls für die Küche.«

»Wenn dem doch nur so wäre«, sagte Snow traurig und schaute dabei wie eine Eule über seine Brille hinweg auf Haldane. »Glücklicherweise war der Master jedoch so generös, als Geste der Hochachtung gegenüber der Regierung Seiner Majestät für einige Bestandteile dieses Menüs an die Vorräte zu gehen.«

Daraufhin wandte er sich an die gesamte Tischgesellschaft. »Da Sie alle neugierig darauf zu sein scheinen, weshalb ich Sie heute abend hierher gebeten habe, will ich endlich zum eigentlichen Anlaß für unser Treffen kommen.«

Snow begann, den Grund für die Abendeinladung darzulegen, und sagte dazu einige zusammenfassende Worte über Turings im Krieg geleistete Arbeiten an der deutschen Enigma-Kodiermaschine sowie über vorausgegangene theoretische Forschungen Turings in Großbritannien und von Neumanns[8] und Churchs[9] in Amerika.

»Diese Arbeiten haben einige Wissenschaftsberater der Regierung von der Möglichkeit der Konstruktion leistungsfähiger Rechenmaschinen überzeugt«, bemerkte Snow und fuhr fort: »Tatsächlich arbeitet bereits eine der ersten dieser Maschinen in Manchester. Zum jetzigen Zeitpunkt sieht es so aus, als wären diese Maschinen zur Lösung bestimmter, in der Mathematik und den Naturwissenschaften auftretender

---

8 John von Neumann, in Ungarn geborener amerikanischer Mathematiker. Neben seinen fundamentalen Beiträgen zur reinen Mathematik entwickelte er die Spieltheorie sowie einen Großteil der Wirtschaftsmathematik und die numerische Wettervorhersage; überdies war er der Urheber des Gedankens eines gespeicherten Programms für digitale Computer.

9 Alonzo Church, amerikanischer Logiker. Entwickler des Lambda-Kalküls, einer logischen Sprache, die das mathematische Pendant zu Turings Verfahren zur Formalisierung des Berechnungsbegriffs darstellt.

Probleme außerordentlich nützlich – wie beispielsweise zum Entschlüsseln von Codes, zur Berechnung der Strömungsmuster von Flüssigkeiten, zur Bestimmung der Planetenbahnen und ähnlichem. So interessant und wichtig all diese Forschung ist, so habe ich Sie doch nicht deshalb für diesen Abend hierher gebeten. Vielmehr wüßte ich gerne in aller Offenheit Ihre Ansichten zu der Frage, ob bei diesen Maschinen die Wahrscheinlichkeit besteht, daß sie auch für allgemeinere kognitive Aufgaben, wie man sie gewöhnlich mit schöpferischem menschlichem Denken verbindet, brauchbar sein könnten.«

Indem er das Schwergewicht seiner einleitenden Bemerkungen auf den theoretischen Hintergrund dieser Rechenmaschinen legte, gab Snow nun eine kurze Beschreibung der Beziehung zwischen Berechnen und Mathematik. »In den späten zwanziger Jahren galt in mathematischen Zirkeln der Grundsatz, daß jede richtig gestellte mathematische Frage eine eindeutige Antwort haben müsse – entweder richtig oder falsch. Nehmen Sie beispielsweise an, ich behauptete, jede gerade Zahl sei die Summe zweier Primzahlen. Unter den mathematisch Gebildeten ist dies eine Behauptung, die als die Goldbachsche Vermutung bekannt ist. Vor nur wenigen Jahrzehnten ging die allgemeine Meinung dahin, daß eine klar definierte mathematische Behauptung wie diese zwangsläufig richtig oder falsch sein müsse. Überdies müsse es eine Kette logischer Überlegungen geben, die in einer begrenzten Anzahl von Schritten zur Klärung führen müsse, welche dieser beiden Möglichkeiten tatsächlich gegeben sei. So jedenfalls dachten es sich die damaligen Mathematiker.«

»Und so denken die meisten Leute noch heute«, legte Turing los, »die Mehrheit der Wissenschaftler eingeschlossen.«

»In der Tat«, fuhr Snow fort. »Aber im Jahr 1931 bewies der österreichische Logiker Kurt Gödel, daß sich die Mathematiker irrten. Er zeigte, daß in jedem logischen System, dessen Aussagekraft groß genug ist, um uns die Formulierung aller möglichen Aussagen über Zahlen zu gestatten, zumindest eine Aussage existieren muß, die nach den logischen Regeln dieses Systems weder als richtig noch als falsch bewiesen werden kann.«

Turing unterbrach ihn erneut. »Genau, Gödel hat bewiesen, daß nicht jede mathematische Frage mit Ja oder Nein beantwortet werden kann. Vielmehr kann eine Frage, selbst eine simple über Zahlen, ganz einfach unlösbar sein. Gödel hat tatsächlich sogar noch mehr bewiesen. Seine Arbeit hat gezeigt, daß es Aussagen gibt, die zwar nach den Regeln des logischen Systems unentscheidbar sind, aber dennoch als wahr erkannt werden können, wenn wir uns außerhalb des Systems begeben – sie können einfach nur nicht als wahr *bewiesen* werden.«

»Vielen Dank für Ihre Hilfe, diese Punkte deutlich zu machen«, bemerkte Snow trocken.

Daraufhin fragte Schrödinger: »Ist dies nicht einfach eine Übersetzung des berühmten Lügner-Paradoxons in die Sprache der Mathematik? So etwas wie die Aussage: *Dieser Satz ist falsch?*«

»Genau.« Wieder reagierte Turing, der seine Begeisterung an der Diskussion dieser mathematischen Fragen allem Anschein nach nicht zügeln konnte.

»Wenn Sie mir erlauben fortzufahren«, sagte Snow,

»verspreche ich, daß wir bald auf die Einzelheiten dieser faszinierenden Probleme zurückkommen werden.«

Turing lehnte sich endlich in seinen Stuhl zurück und verfiel in mürrisches Schweigen, während Snow fortfuhr: »Es ist wichtig, sich zu vergegenwärtigen, daß eine ganz entscheidende Voraussetzung für Gödels Ergebnis die Widerspruchsfreiheit des von uns benutzten logischen Systems ist. Das heißt, daß es beim Gebrauch der logischen Operationen des Systems nicht möglich ist, zu sagen, daß ein und dieselbe Aussage sowohl wahr als auch falsch ist. Dies aber wirft die Frage auf, wie man denn wissen kann, ob ein logisches System widerspruchsfrei ist oder nicht. Gödel beantwortete diese Frage sehr klar: Man kann es nicht! Er hat auf die Tatsache verwiesen, daß kein logisches System seine eigene Schlüssigkeit beweisen kann.«

Snow nickte mit dem Kopf in Turings Richtung und fuhr fort: »Und kurz vor dem Krieg hat unser Mr. Turing einen Weg gefunden, diese logischen Resultate bezüglich der Zahlen und der Mathematik in analoge Ergebnisse von Kalkulationen und Rechenmaschinen zu übertragen. Vielleicht kann ich jetzt an Turing übergeben, der uns, da bin ich sicher, gern eine kurze Darstellung seiner Arbeit auf diesem Gebiet geben wird. Turing?«

»Vielen Dank«, sagte Turing, den die Aussicht, seine Forschungsergebnisse einer solch illustren Gruppe darzulegen, mittlerweile fast schon zum Strahlen brachte.

»Im Jahr 1935 besuchte ich eine Vorlesungsreihe über mathematische Logik, die Max Newmann damals hier in Cambridge hielt. Irgendwann während der Vorlesungen kam Hilberts[10] Entscheidungsproblem zur Sprache. Dieses Problem stellt die Frage, ob es ein einziges logisches System gibt, das ausreicht, um *jede* mathematische Aussage entweder zu beweisen oder zu widerlegen. Gödels nur vier Jahre zurückliegendes Ergebnis hatte für immer Hilberts Auffassung widerlegt, daß ein derartiges logisches System existieren müsse. Ich aber betrachtete das Problem von einem ganz anderen Standpunkt aus als Gödel. Mein Gedanke war der, die logischen Schritte, die man bei der Beweisführung zurücklegt, als dieselben aufzufassen, die ein Mensch bei der Durchführung einer Berechnung befolgen würde.«

»Manche Leute«, sagte Snow, der mit einem gewissen perfiden Vergnügen die Gelegenheit nutzte, jetzt seinerseits einmal Turing unterbrechen zu können, »Mr. Turing eingeschlossen, sind überzeugt, daß diese Art der mathematischen Problemlösung nur die Spitze eines Eisbergs ist, in dem Sinne, daß die wirkliche Bedeutung solcher Maschinen in ihrer Fähigkeit liegt, menschliches Denken zu reproduzieren. Vielen erscheint diese Vorstellung weit hergeholt.«

»Ja«, unterbrach Haldane. »Vor ein paar Wochen habe ich Sir Geoffrey Jeffersons Lister-Vortrag in der BBC gehört, in dem er die Meinung vertrat, Maschinen seien zu schöpferischem Denken außerstande, weil sie nicht aus biologischen Bestandteilen bestehen.«

---

10 David Hilbert, Professor der Mathematik an der Universität Göttingen. Einer der berühmtesten Mathematiker des Jahrhunderts, war er in der Philosophie der Mathematik der Kopf der sog. »formalistischen« Schule, die durch Gödels Werk widerlegt wurde.

»Mag sein«, fuhr Snow fort. »Das ist eine der Fragen, die wir heute abend untersuchen wollen. Aber wenn auch nur die geringste Möglichkeit besteht, daß eines Tages Rechenmaschinen entwickelt werden könnten, die tatsächlich Denkfähigkeit besitzen, dann wäre dieser Umstand von so enormer Bedeutung für alle Bereiche des menschlichen Lebens, daß dieser Gedanke nach Meinung der Regierung mit dem gebührenden Ernst behandelt werden sollte.«

Snow schloß: »Deshalb habe ich Sie alle für diesen Abend hierher gebeten, damit Sie klar und unverhohlen Ihre Meinung dazu sagen. Ist die Konstruktion einer denkenden Maschine möglich, und sei es auch nur grundsätzlich? Oder gibt es da logische, philosophische und/oder technische Hindernisse, die dem Bau eines solchen Geräts im Wege stehen werden? Ich werde nach unserem heutigen Gespräch versuchen, die gemeinsamen Erkenntnisse in einem Bericht zu diesem Thema für den Wissenschaftsminister zusammenzufassen. Bevor wir uns aber der Frage der denkenden Maschinen widmen, wäre es meines Erachtens für die Einordnung dieses Sachverhalts hilfreich, wenn Turing noch einmal das Wort ergriffe und uns freundlicherweise auf den neuesten Stand darüber brächte, wie seine Rechner arbeiten, und auch, weshalb er meint, daß diese Maschinen überhaupt irgendeine Ähnlichkeit mit dem menschlichen Gehirn haben – sei es in Hinblick auf seine Struktur oder auf seine Funktion. Turing?«

Turing legte seinen Löffel hin und begann, die Hände auf dem Tisch und den Blick nach unten gerichtet, mit sanfter, stockender, kaum vernehmlicher Stimme zu sprechen: »Ein mechanischer Rechner besteht grundsätzlich aus einer großen Anzahl von

Adressenplätzen, die *Speicher* oder *Gedächtnis* genannt werden, und dazu einer *Ausführungseinheit,* welche die unterschiedlichen Einzeloperationen durchführt, die für eine Berechnung notwendig sind. Diese Operationen sind das, was wir ein *Programm* nennen. Eine solche Operation, also ein Schritt innerhalb des Programms, mag aus der Addition oder dem Vergleich zweier an unterschiedlichen Stellen gespeicherter Größen bestehen. Lassen Sie mich diese Idee anhand dieser leeren Suppenteller und der Löffel hier auf dem Tisch veranschaulichen.«

Turing griff nach den vor Schrödinger, Haldane und Wittgenstein stehenden Tellern und stellte sie vor sich in einer Reihe auf. Dann fuhr er fort: »Stellen wir uns vor, ich will die Maschine dazu verwenden, um die Zahlen 1 und 2 zu addieren. Beginnen würde die Rechenmaschine in einem Zustand, bei dem alle Teller so wie jetzt leer sind. Um 1 und 2 zu addieren, lege ich zunächst einen Löffel, der für die Zahl 1 steht, in Haldanes und zwei Löffel für die Zahl 2 in Wittgensteins Teller. Die Maschine ruft daraufhin ihr Programm für Addition auf und findet darin eine Anweisung, die letztlich besagt: ›Nimm die Löffel aus Haldanes Teller und lege sie in Wittgensteins Teller. Wenn du mit dieser Operation fertig bist, nimm die resultierende Menge Löffel aus Wittgensteins Teller und lege sie in Schrödingers Teller. Abschließend drucke die Anzahl Löffel in Schrödingers Teller auf einem Papierband aus.‹ In dieser Weise addiert eine Rechenmaschine 1 und 2 und gelangt zum Ergebnis 3. Es ist klar geworden, denke ich, wie der Prozeß die Schritte nachahmt, die ein menschlicher ›Rechner‹ vollziehen würde, um auf dieselbe Summe zu kommen.«

»An Ihrer Rechenmaschine dürfte aber gewiß doch mehr dran sein als ein paar Suppenteller und schmutzige Löffel«, warf Haldane mit einiger Skepsis ein. »Wenn das alles sein sollte, wäre es verdammt viel einfacher, 1 und 2 per Hand auf einem Stück Papier – oder sogar im Kopf – zu addieren, als dazu eine Ihrer Maschinen heranzuziehen.«

»Weiß Gott«, sagte Turing. »Aber da steckt viel mehr dahinter als nur dies. Die Suppenteller und Löffel dienten nur dazu, Ihnen das Gefühl dafür zu vermitteln, wie einfach die Basisoperationen einer solchen Maschine tatsächlich sind.«

»Weshalb nennen Sie uns nicht einfach noch mehr Details?« bat Snow. »Ich denke, wir werden ein bißchen mehr von diesen Maschinen und ihrer Arbeitsweise verstehen müssen, um irgendeinen Zusammenhang zwischen der Art, wie sie arbeiten, und der Operation menschlicher Gehirne und gedanklicher Prozesse erkennen zu können.«

Turing griff Snows Vorschlag auf und setzte seinen Bericht darüber fort, wie eine Rechenmaschine funktioniert. »Man könnte sich solch eine Maschine als eine Art gigantisches Postamt mit vielen Postfächern vorstellen. Und wenn man diese Analogie nun einen Schritt weiterdenkt, lassen sich die Anweisungen, die von der Rechenmaschine ausgeführt werden sollen, als von einem Postangestellten erledigt denken, der unter der Aufsicht des Postamtsleiters arbeitet. Tatsächlich enthält eine Rechenmaschine eine Einheit, die *Kontrolle* heißt und exakt diese Aufsichtsfunktion wahrnimmt. Es läuft demnach genauso ab wie bei den Suppentellern: Um zwei Zahlen zu addieren, greift sich der Angestellte die Mengen aus den zwei Postfächern, die die zusammenzuzählenden Zahlen enthalten, führt die Addition dieser Gegenstände aus und legt das Ergebnis in ein drittes Postfach. Die Arbeitsschritte, die der Angestellte ausführt, sind das, was man einen *Algorithmus* nennt, und sie sind im Programm encodiert, das die Maschine befolgt.«

Schrödinger unterbrach ihn: »All das ist äußerst interessant, Turing. Aber ich sehe nicht, in welcher Weise eine primitive Einrichtung wie ein riesiges Postamt zu irgendeiner praktisch nutzbringendem Berechnung imstande sein sollte. In der Physik müssen wir häufig Quantitäten wie etwa die Gesamtenergie oder das Drehmoment eines großen Teilchensystems, wie von Atomen oder Planeten, berechnen. Diese Rechenvorgänge beinhalten schwierige Operationen, einschließlich der Addition der Interaktionen zwischen Tausenden – oder gar Millionen – derartiger Partikel. Selbst wenn wir vereinfachte Versionen dieser Operationen per Hand durchführen, haben diese Berechnungen oftmals seitenlange Rechenschritte und Gleichungen zur Folge. Wie kann dann Ihre Postamt-Rechenmaschine, dieselbe Aufgabe besser oder schneller erledigen?«

»Auf den ersten Blick sieht es so aus, als wäre meine Rechenmaschine bei weitem zu einfach, um irgend etwas anderes als die primitivsten Berechnungen auszuführen«, entgegnete ihm Turing. »Aber in meinem Aufsatz über berechenbare Zahlen und Hilberts Entscheidungsproblem habe ich mathematisch nachgewiesen, daß jegliche Größe, zu der man gelangen kann, indem man eine Reihe von Regeln befolgt, sich von eben solch einer ›Postamt-Rechenmaschine‹, wie ich sie gerade beschrieben habe, berechnen läßt. Uns beschäftigt vielmehr das praktische Problem, wie man eine solche Maschine tatsächlich baut, als die Adäquatheit der Maschine für die Aufgabe, diese oder jene Größe auszurechnen.«

»Vielleicht könnten Sie uns ganz kurz erklären, wie Sie es geschafft haben, herauszufinden, daß eine postamtartige Rechenmaschine wirklich jegliche Größe berechnen kann, die berechenbar ist«, fragte Snow. »Das würde uns eventuell helfen, sowohl die Leistungsfähigkeit als auch die Grenzen solcher Maschinen zu verstehen.«

»Es ist wirklich sehr einfach«, erwiderte Turing. »In meiner Untersuchung über berechenbare Zahlen habe ich eine Art theoretische ›Papier-Rechenmaschine‹ verwendet. Manche Leute sind bereits dazu übergegangen, diese eine *Turing*-Maschine zu nennen«, bemerkte er ruhig, aber mit einer Spur von Stolz. »Sie besteht aus zwei Elementen: einem *unendlich langen Papierband,* das in Quadrate unterteilt ist, von denen jedes entweder das Zeichen ›0‹ oder das Zeichen ›1‹ enthalten kann, sowie einem *Lesekopf,* der sich vorwärts oder rückwärts auf dem Band entlangbewegen kann, jeweils ein Quadrat abtastend, wobei er das Zeichen auf diesem Quadrat liest und es entweder unverändert läßt oder ein neues Zeichen darauf schreibt. Bei jedem Schritt dieser Operation, nehmen wir weiter an, kann der Lesekopf sich in einer aus einer endlichen Anzahl von Konfigurationen – oder wie wir auch sagen, Zuständen – befinden. Man kann sich die Maschine mit einem Zeiger ausgestattet denken, der zum jeweiligen Moment auf einen der Buchstaben A, B, C und so weiter deutet. Dieser Buchstabe repräsentiert somit den momentanen ›Zustand‹ der Maschine. Ein Teil des Programms sagt der Maschine, wie sie die Ausrichtung des Zeigers ändern soll, und zwar in Abhängigkeit von dem Zustand, in dem sich die Maschine gerade befindet, sowie davon, welches Symbol auf demjenigen Bandquadrat steht, das der Kopf gerade liest.«

Turing griff in seine Jackentasche und zog einen Notizblock hervor, auf den er schnell eine Zeichnung skizzierte, die ein Beispiel einer derartigen »Postamt-Rechenmaschine« zeigte, deren Lesekopf sich in einem von zwölf möglichen Zuständen befinden konnte, die er mit den Buchstaben A bis L bezeichnete.

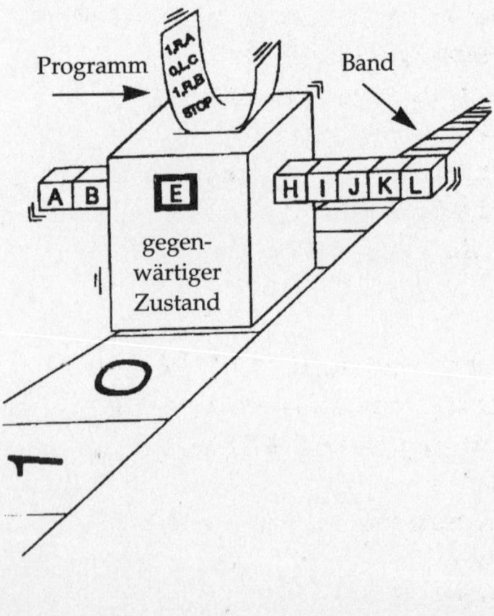


»Das Verhalten einer dieser theoretischen Maschinen ist durch ihr Programm festgelegt, bei dem es sich um eine Liste von Anweisungen handelt, die der Maschine sagen, was sie unter einer jeglichen Konfiguration von Umständen, in der sie sich befinden könnte, jeweils zu tun hat. Da der Lesekopf in jedem Stadium der Operation über zweierlei Informationen verfügt das Zeichen, das er gerade vom Band liest, und seinen gegenwärtigen Zustand –, würde eine typische Anweisung etwa folgendermaßen lauten: ›Wenn du im Zustand A bist und das Zeichen 0 liest, rücke um ein Quadrat nach rechts und begib dich, sagen wir, in den Zustand B.‹ Bei dieser Konstellation sind die möglichen Aktionen, die der Lesekopf unternehmen kann:

1. Ein Quadrat nach rechts gehen.
2. Ein Quadrat nach links gehen.
3. Das auf dem gegenwärtigen Quadrat Stehende durch eine 1 ersetzen.
4. Das auf dem gegenwärtigen Quadrat Stehende durch eine 0 ersetzen.
5. Den gegenwärtigen Zustand beibehalten.
6. Vom gegenwärtigen Zustand in einen anderen überwechseln.
7. STOP.«

»Alles sehr interessant«, unterbrach ihn Haldane, »aber könnten Sie uns zeigen, wie dieser Aufbau genutzt werden kann, um wirkliche Berechnungen anzustellen?«

»Selbstverständlich. Was würden Sie denn gern berechnen?«

»Wie wäre es, wenn Sie uns zeigten, wie dieses Gerät 1 und 2 addieren würde, um auf 3 zu kommen?« antwortete Snow. »Wir möchten nur einen Gesamteindruck von seiner Arbeitsweise bei einem einfachen Problem gewinnen.«

Turing ging nun die einzelnen Schritte durch, wie

man diese Art Maschine anstelle von Suppentellern und Löffeln benutzen würde, um zwei Zahlen zusammenzuzählen. »Die Maschine startet mit einem Band, dessen Quadrate allesamt das Zeichen 0 tragen«, erläuterte er. »Wie zuvor nehmen wir an, wir wollten 1 und 2 addieren. Wir beginnen, indem wir eine einzelne 1 und eine Sequenz von zwei Einsen auf das Band eintragen, beide getrennt durch eine 0, um anzuzeigen, daß sie separate Zahlen sind.« Daraufhin skizzierte er auf seinen Notizblock das Programm für eine Maschine mit drei Zuständen, um diese Addition auszuführen.[11]

| | gelesenes Zeichen | |
|---|---|---|
| Zustand | 1 | 0 |
| A | 1, R, A | 1, R, B |
| B | 1, R, B | 0, L, C |
| C | 0, STOP | STOP |

»Dieses Programm«, fuhr er fort, »wird nun die Maschine bei einer Sequenz von drei aufeinanderfolgenden Einsen auf einem Band, das im übrigen nur Nullen enthält, zum Anhalten veranlassen. Ich erkläre

11 Die Einträge in dieser Tabelle sind folgendermaßen zu verstehen: Befindet sich der Lesekopf im Zustand A und liest er vom Band das Zeichen 1, dann sagt ihm das Programm, daß er in dieser Situation die Schritte (1, R, A) zu tun hat. Dies ist die Turing-Maschinen-Kurzschrift, in welcher der Lesekopf gesagt bekommt: »Ersetze das Zeichen auf dem gegenwärtigen Quadrat durch eine 1, rücke ein Quadrat nach rechts (R) und gehe in den Zustand A.« Die anderen Anweisungen des Programms werden in entsprechender Weise verstanden.

Ihnen, weshalb. Normalerweise gehen wir davon aus, daß die Maschine im Zustand A startet und das erste Nicht-Null-Symbol auf der Linken liest. Weil dieses Symbol zwingend eine 1 sein muß, sagt das Programm der Maschine, die 1 in diesem Quadrat neu zu schreiben, ein Quadrat nach rechts vorzurücken und im Zustand A zu bleiben. Da die Maschine immer noch im Zustand A ist und das jetzige Zeichen erneut eine 1 ist, wiederholt die Maschine den vorigen Schritt und rückt ein Quadrat nach rechts weiter. Jetzt aber liest der Lesekopf eine 0. Das Programm sagt ihm dazu, daß die Maschine in diesem Fall eine 1 drucken, nach rechts weiterrücken und in den Zustand B übergehen solle. Wenn der Lesekopf die restlichen Schritte des Programms ausgeführt hat, bleibt er schließlich stehen; das Band sieht genauso aus wie das Input-Band – nur daß die 0, welche die Sequenz von Einsen getrennt hatte, die für die Zahlen 1 und 2 standen, jetzt verschwunden ist. Auf dem Band stehen somit, wie ich's gesagt habe, drei Einsen in einer Reihe hintereinander, womit wir das Ergebnis der Addition der beiden ursprünglich auf dem Band stehenden Zahlen haben. Und Sie sehen selbstverständlich, daß es mit den Zahlen 1 und 2 nichts Besonderes auf sich hat. Genau dasselbe Programm könnte dazu benutzt werden, *beliebige* zwei Zahlen zu addieren.«

Erneut unterbrach ihn Schrödinger und beschwerte sich: »Beim Addieren von kleinen Zahlen wie 1 und 2 macht diese Rechenmaschine einen guten Eindruck, aber als praktisches Hilfsmittel, um umfangreichere Berechnungen anzustellen, wie man sie etwa in der Physik unternimmt, sieht sie nicht gerade vielversprechend aus. Um beispielsweise 1.234.567.890 und

9.876.543.210 zu addieren oder die Quadratwurzel von π zu ziehen, würde man auf diese Weise wohl sehr viel Zeit brauchen. Man bräuchte ein mehrere hundert Meter langes Band, um alleine diese Zahlen auf Ihrem Input-Band einzutragen.«

»Es hängt alles davon ab, was Sie unter *praktisch* verstehen«, entgegnete Turing. »Wenn man die Operationen manuell ausführen muß, wie ich es hier getan habe, um Ihnen zu zeigen, wie 1 und 2 addiert werden, dann ist es in der Tat eine ganz schön langsame Angelegenheit, und ich würde Ihnen beipflichten, daß es so nicht besonders praktisch erscheint. Wenn man aber elektromechanische Geräte einsetzen kann, um etwa die Fortbewegung des Lesekopfs entlang des Bands und die einzelnen Programmschritte auszuführen, mit Geschwindigkeiten, die weit schneller sind als alles, wozu ein Mensch fähig ist, dann eröffnen wir für solche Maschinen völlig neue Möglichkeiten, Berechnungen durchzuführen, die kein Mensch je zuwege brächte.«

Hier hielt Turing für einen Moment inne und dachte an seinen alten Studienkollegen David Champernowne, der einmal auch solch eine Frage wie Schrödinger über das Rechnen mit großen Zahlen gestellt hatte. Champernowne hatte sich sogar die spezielle Zahl 1.234.567.891.011.121.314 … ausgedacht, die er durch das Aufschreiben der natürlichen ganzen Zahlen in Folge gebildet hatte – als eine Art Testfall für das, was sich auf Turings Maschine berechnen ließ. Turing lächelte in sich hinein, als er daran dachte, wie sie diese Zahl Champernowne zu Ehren »Den Champion aller Zeiten« genannt hatten. Seine Aufmerksamkeit wurde plötzlich wieder auf die Gegenwart zurückgelenkt, als Snow fragte:

»Meinten Sie mit Ihrer vorhergehenden Äußerung, daß ein solches primitiv aussehendes Gerät zu jeder Art Berechnung fähig sei, die sich nur denken ließe?«

»Genau das. Mein Aufsatz von 1936 zeigte, daß es für eine solche Rechenmaschine zwar einer großen Anzahl von Schritten oder eines sehr langen Bands bedürfte, um Berechnungen jener Art durchzuführen, von denen Schrödinger spricht, daß aber ausnahmslos *alles*, was als Endresultat der Befolgung eines Regelsatzes gedacht werden kann – jede mögliche Art von numerischer Berechnung eingeschlossen –, von einer Maschine dieser Art in einem vergleichbaren Schritt-für-Schritt-Verfahren berechnet werden kann. Die einzigen Bedingungen sind, daß man genug Zeit hat, alle einzelnen Schritte der Berechnung zu vollziehen, und daß man ein ausreichend langes Band hat, um alle Zwischenergebnisse darauf zu speichern. Genaugenommen muß meine theoretische Rechenmaschine eine unbegrenzte Anzahl von Quadraten auf dem Band – oder von ›Postfächern‹ – zur Verfügung haben.«

»Aha!« schoß Haldane zurück. »Hab' ich mir doch gedacht, daß da irgendwo ein Haken dran sein muß. Wann hat einer von Ihnen zum letzten Mal ein unendliches Postamt gesehen? Das klingt genau nach jener Art Phantasiewelt, die Mathematiker so notorisch gern herbeiträumen. Was hat das mit tatsächlichen Berechnungen wie denen, die Schrödinger gerade erwähnt hat, zu tun?«

Turing erläuterte: »Was die Maschine wirklich benötigt, ist die Möglichkeit, so viele Quadrate auf dem Band hinzuzufügen, wie benötigt werden, um die Zwischenresultate jeder einzelnen Berechnung abzuspeichern. Für jede Berechnung, die nach einer endlichen Zahl von Rechenschritten beendet ist, braucht die Maschine also eigentlich kein unendlich langes Band, sondern nur ein endliches.«

An diesem Punkt meldete sich Snow zu Wort und stellte die Frage: »Kann man denn im vorhinein sagen, von welcher Länge das Band für eine bestimmte Berechnung sein muß?«

»Nein, das kann man nicht«, gab Turing leicht abwehrend zurück. »Generell besteht keine Möglichkeit, vor dem Beginn einer Berechnung zu sagen, wie lange das benötigte Band sein muß oder wie viele Schritte bis zum Abschluß erforderlich sein werden. Man muß einfach nur bereitstehen, die Länge des Bands zu vergrößern, während die Berechnung im Gange ist.

Wenn man ein bestimmtes Programm hat sowie die Eingabedaten, die das Programm verarbeiten soll«, fuhr er fort, »dann wäre es fraglos günstig, wenn man schon vor dem Beginn der Berechnung wüßte, wie viele Schritte und wie viele Quadrate auf dem Band nötig sein werden, um die Berechnung zu vollenden. Idealerweise hätte man gern eine Art ›Metaprogramm‹, das sowohl das Originalprogramm als auch die Eingabedaten als seine Eingabedaten akzeptieren würde, um dann auszurechnen, wieviel das Originalprogramm an Zeit und an Speicherplatz auf dem Band zur Lösung seiner Aufgabe brauchen wird. Infolge von Gödels Arbeit hatte ich schon 1935 meine Zweifel, daß es irgendeine Art Metaprogramm geben könne, das dieses *Problem des Anhaltens* lösen würde. In demselben Aufsatz, in dem ich meine hypothetische Rechenmaschine vorstellte, habe ich nachgewiesen, daß es tatsächlich unmöglich ist, je ein derartiges ›universelles‹ Verfahren zur Ermittlung der für eine bestimmte Berechnung auf dem Band benötigten Anzahl Quadrate zu finden.«

»Demnach«, bemerkte Schrödinger, »zeigen diese Ergebnisse Gödels also die Existenz eines Problems, das nicht durch die Befolgung der Schritte eines Programms gelöst werden kann. Ihre Ergebnisse wiederum besagen, daß es hinsichtlich eines gegebenen Problems keine Möglichkeit gibt zu wissen, ob es lösbar ist oder nicht.«

Turing nickte bestätigend – und voller Bewunderung –, weil er in dieser Weise eigentlich noch nie die Beziehung seiner eigenen Forschung zu Gödels Werk bedacht hatte.

»Aber dieses Ergebnis bedeutet nicht, daß sich ein solches Entscheidungsverfahren nicht doch für einige Programme und für einige Eingabedaten finden läßt, oder doch?« fuhr Schrödinger fort. »Ein Programm beispielsweise, das die Aufgabe hat, das Eingabeband zu lesen und anzuhalten, wenn es zur ersten 1 kommt, hat doch unzweifelhaft solch ein Verfahren, weil es in diesem Fall die simple Entscheidungsregel gibt: Falls die Eingabedaten auch nur eine einzige 1 enthalten, wird das Programm nach einer begrenzten Anzahl von Schritten anhalten, wobei die exakte Zahl davon bestimmt wird, wie weit die erste 1 vom Startquadrat entfernt ist; anderenfalls würde das Programm ewig laufen. Man muß also nicht mehr tun, als auf das Eingabeband zu schauen und festzustellen, ob eine 1 darauf steht. Wenn dem so ist, hält das Programm an, sonst nicht.«

»Natürlich«, antwortete Turing. »Die Schwierigkeit liegt darin, eine einzige Lösung für das Problem des

Anhaltens zu finden, die in *jedem* Fall funktioniert – für jedes mögliche Programm und jeden möglichen Datensatz. Und die meisten Programme sind viel komplizierter als Ihres und haben ein Kriterium für das Anhalten, das gewöhnlich von Größen abhängt, die sich erst im Verlauf der Berechnung ergeben. Diese Regeln des Anhaltens haben die Form: Falls diese oder jene Größe auftaucht, halte an; anderenfalls rechne weiter. Nur können wir im allgemeinen eben nicht sagen, welche Art Größen auftauchen werden, bis wir tatsächlich die Berechnung ausführen.«

»Dieses ganze Gerede über Rechenmaschinen, unendliche Papierbänder, Anhaltekriterien und derlei Dinge klingt für mich immer noch nicht sehr brauchbar«, brummte Haldane vor sich hin. »Es macht mich einfach nur hungrig. Ich stimme Schrödinger zu, daß Turings Papiermaschine *in der Theorie* durchaus imstande sein könnte, alles zu berechnen, was man unter Befolgung eines Satzes von Regeln oder eines ›Programms‹ berechnen kann. Ich wüßte allerdings gern, wozu eine solche Maschine gut sein soll? Läßt sich anhand dieser *Theorie* des Berechnens ein wirkliches Gerät herstellen, das realistische Berechnungen ausführt, die beim Bau von Brücken oder beim Betrieb von Zügen notwendig sind?«

»Praktische Berechnungen für den Brückenbau sind das eine«, sagte Wittgenstein, der sich endlich dazu aufgerafft hatte, in die Diskussion einzusteigen. »Vielleicht wird Turing eines Tages zum Bau eines mechanischen Rechners imstande sein, der das Herz des Physikers erfreut und den Tag des Ingenieurs verschönert. Wir sind aber, wie Snow gesagt hat, hier, um eine sehr viel tiefgründigere Frage zu besprechen, nämlich das Problem, ob eine dieser Maschinen wirklich *denken* kann wie ein Mensch. Und ich sehe nicht einmal andeutungsweise, daß das Hinschreiben oder Ausradieren einer Anzahl Nullen und Einsen auf einem langen Papierband auch nur das geringste mit Denken zu tun hat. Wie kann irgend jemand auch nur einen Moment lang glauben, daß eine Zeichen schreibende Maschine dieser Art irgendeine Ähnlichkeit mit den gedanklichen Prozessen aufweist, die im menschlichen Gehirn vonstatten gehen? Gehirne sind keine Maschinen, und es wäre ein Kategorienfehler anzunehmen, daß sie es seien.«

Turing bestand darauf, anderer Meinung zu sein: »Lassen Sie mich zunächst etwas zur physischen Beschaffenheit des Gehirns sagen. Ich glaube, daß Sie dann sehen werden, wie dessen Struktur im Aufbau einer Rechenmaschine erfaßt ist. Vielleicht können wir dann eine fruchtbarere Diskussion darüber führen, wie eine derartige Maschine tatsächlich zu wahrem Denken fähig sein könnte.«

Turing holte Luft, hielt einen Augenblick inne und dachte an seine vielen Vorträge und Gespräche über Neurophysiologie und biologische Prozesse. Schließlich trug er der Gruppe eine sehr gedrängte und vereinfachte Beschreibung dessen vor, wie das Gehirn arbeitet.

»Das menschliche Gehirn besteht aus einer sehr großen Zahl von Elementen, genannt Neuronen, nach Schätzung mancher Leute zehntausend Millionen oder sogar noch mehr. Diese Neuronen sind miteinander durch ein extrem dichtes Netz von ›Drähten‹ verbunden, die Axonen und Dendriten genannt werden.«

»Eine Art gigantische Telefonzentrale, Turing, stimmt's?« fragte Haldane.

»Das ist ein gutes Bild, das man im Kopf behalten sollte«, stimmte Turing zu und fuhr fort: »Das Neuron selbst kann man sich als einen besonders primitiven Schalter vorstellen, der zu jedem beliebigen Moment entweder auf ›EIN‹ oder auf ›AUS‹ stehen kann. Was jeweils gilt, wird von den Signalen bestimmt, die das Neuron von den anderen Neuronen erhält, mit denen es verbunden ist.«

»Es ist also vergleichbar mit einem Gewehrschuß. Man übt Druck auf den Abzug aus, und wenn dieser Druck stärker ist als die Feder im Abzug, geht das Gewehr los. Der einzige Unterschied besteht darin, daß jedes Neuron womöglich viele Signale empfängt, die selbst wieder der Output von anderen Neuronen sind. Aber selbst wenn es viele Inputs bekäme, so hat ein einzelnes Neuron doch nur einen einzigen Output, der an ein anderes Neuron abgeht. Einige der Inputkanäle eines Neurons sind *stimulierend,* das heißt so, als würde man größeren Druck auf den Abzug ausüben; andere Inputkanäle sind *hemmend,* so daß Signale, die auf diesen Wegen in das Neuron gelangen, von der Gesamtheit des Inputs in diesem Neuron etwas wegnehmen, als würde der Druck auf den Abzug vermindert. Wenn die Summe all dieser positiven und negativen Eingabesignale einen bestimmten Schwellenwert übersteigt, feuert das Neuron einen Impuls durch seinen Outputkanal ab; anderenfalls bleibt es auf ›AUS‹.«

»Darf ich fortfahren?« fragte Turing mit einer gewissen Schroffheit. »Die meisten Neurophysiologen und Psychologen sind der Ansicht, daß die durch diese Neuronenfeuer geschaffenen Muster im Gehirn einen wichtigen Bestandteil der Basis menschlicher

Denkprozesse und folglich des menschlichen Verhaltens bilden.«

Da Turing innehielt, griff Schrödinger ein: »Jetzt fange ich an zu verstehen, wie Sie wohl auf eine Analogie zwischen einer Rechenmaschine und einem Gehirn gekommen sind. Beide haben es mit der Speicherung zahlreicher elementarer Daten zu tun, einer 0 oder 1 auf einem Band des Rechners, einem EIN- oder AUS-Zustand in einem Neuron. Überdies verarbeiten sowohl der Rechner als auch das Gehirn diese Daten zu Mustern. Ist das die grundlegende Analogie, auf die Sie hinauswollen, Turing?«

»Genau die. Das Gehirn speichert seine Daten in Form von Mustern, die durch das Feuern seiner Neuronen erzeugt werden. Jedes dieser Muster ist nichts weiter als eine Auflistung, welche Neuronen in einem bestimmten Moment auf EIN und welche auf AUS stehen. Auf eine Weise, die niemand wirklich versteht, werden diese Muster dann mit dem verbunden, was wir ›Gedanken‹ nennen. Der Rechner andererseits speichert seine Daten in den ›Postfächern‹ von denen ich vorhin gesprochen habe. Auch dieses Muster ist einfach eine Abfolge von Nullen und Einsen oder, was auf dasselbe hinausläuft, von EIN und AUS. Und in beiden Fällen besteht die Möglichkeit, das, was an irgendeiner einzelnen Stelle gespeichert ist, zu modifizieren, entweder, indem andere Neuronen im Gehirn zum Feuern veranlaßt werden, oder durch die Ausführung eines Befehls im Programm der Rechenmaschine. Diese verblüffende Ähnlichkeit zwischen den Vorgängen des Abspeicherns und der Musterwechsel in den Neuronen des Gehirns und den Arbeitsabläufen in der Rechenmaschine lassen mich glauben, daß wir wirklich eine derartige Maschine bauen können. Das einzige Hindernis scheint technischer, nicht logischer Art.«

Worauf Snow hinzufügte: »Das Entscheidende hier ist also, was diese Teile des Gehirns *tun,* nicht, woraus sie bestehen. Und das heißt, daß wir uns anschauen müssen, was in der Hirnrinde geschieht, wo die höheren menschlichen Denkvorgänge stattzufinden scheinen.«

»Genau das ist der Fall«, warf Haldane ein und erklärte: »Die Hirnrinde ist eine durchgängig gefaltete Schicht, die das Äußere des Gehirns bildet. Beim Menschen wird diese Region häufig auch *Neokortex* genannt, und sie ist, entwicklungsgeschichtlich gesehen, der jüngste Bestandteil des Gehirns. Wichtiger jedoch ist, daß es sich um denjenigen Teil des Gehirns handelt, in dem Überlegen und Denken stattfindet. In struktureller und funktionaler Hinsicht läßt sich diese Gehirnrinde in sehr viele unterschiedliche Zonen unterteilen, aber alle diese Teile sind aus den gleichen Grundkomponenten aufgebaut und auf ähnliche Weise miteinander verbunden. Die unterschiedlichen Funktionen, die sich mit den verschiedenen Regionen der Hirnrinde verbinden, sind somit wahrscheinlich durch die jeweils unterschiedlichen sensorischen Signale bedingt, die zu ihnen gelangen, und nicht durch einen Unterschied in der Struktur.«

Nun beschrieb Turing einige atemberaubende Forschungsergebnisse, zu denen man vor ein paar Jahren gelangt war und die die theoretische Grundlage für seine Analogie von Gehirn und Maschine bildeten. »Im Jahr 1943«, sagte er, »haben Warren McCulloch, ein Neurophysiologe der Universität von Illinois, und

Walter Pitts, ein Mathematikstudent an der Universität Chicago, einen fabelhaften Artikel darüber veröffentlicht, wie sich die Abläufe einer mit anderen Neuronen verbundenen Neuronengruppe mit Hilfe rein logischer Elemente nachahmen ließen. Wenn ein Neuron aktiviert wird und dann ein anderes Neuron beschießt, so geschieht das nach diesem Modell in derselben Weise, in der ein Satz in einer logischen Sequenz die Richtigkeit oder Falschheit eines anderen Satzes implizieren kann. Weiterhin können wir die Analogie zwischen Neuronen und Logik, technisch gesehen, als Signale darstellen, die entweder durch einen Stromkreis fließen oder nicht fließen. Prinzipiell jedenfalls ist es nur ein kleiner Schritt von der von McCulloch und Pitts entwickelten, abstrakt logischen Struktur zu ihrer Anwendung in den Bauteilen einer elektronischen Rechenmaschine.«

Wittgenstein konnte sich nicht länger zurückhalten. Er warf seine Serviette hin und beugte sich über den Tisch, um Turings Behauptungen anzuzweifeln: »Sie wollen doch damit gewiß nicht sagen, daß sich das Datenmuster, das in diesen diversen Postfächern in der Maschine oder in den EIN/AUS-Mustern von Neuronen im Gehirn gespeichert ist, als Gedanken auffassen läßt! Nehmen wir an, Sie riechen frisch gebackenes Brot oder haben ein Bild vom Gesicht Ihrer Großmutter im Kopf. Wenn ich jetzt Ihren Schädel öffne und mir alle Neuronen in Ihrem Gehirn betrachte, wie sie auf EIN oder AUS geschaltet werden, könnte ich doch mit Sicherheit nicht sagen: ›Aha, hier haben wir das Muster A, Turing muß also über eine Scheibe frischen Brotes nachdenken. Und hier kommt nun Muster B, Turing denkt also jetzt an etwas anderes, nämlich an einen Besuch im Haus seiner Großmutter.‹«

Nach einer kurzen Atempause fuhr Wittgenstein fort: »Die geistigen Vorgänge anderer kann ich nicht beobachten. Und im eigentlichen Sinne des Wortes kann ich auch nicht die eigenen ›beobachten‹. Wo sind wir also? Im Nebel, nirgendwo sonst. Wir stecken in einer Reihe von Konfusionen, die sich nicht per Selbstbeobachtung oder Verhaltensanalyse auflösen lassen. Und auch nicht durch eine *Theorie* des Denkens. Die einzige Lösung kommt durch eine begriffliche Untersuchung, eine Analyse des Gebrauchs von Begriffen wie ›Absicht‹, ›Wille‹ und ›Hoffnung‹. Diese Begriffe gewinnen ihre Bedeutung aus einer Lebensform, einem Sprachspiel, was etwas ganz anderes ist als die Beschreibung und Erklärung gewöhnlicher physikalischer Phänomene im Alltag.

Und dasselbe«, fuhr er fort, »muß für eine Rechenmaschine gelten. Wenn ich den Deckel von der Maschine nehme und jedes einzelne Quadrat auf dem Band betrachte, kann mir das Datenmuster, das durch die in diese Quadrate geschriebenen Zeichen gebildet wird, doch gewiß nicht sagen, worüber die Maschine gerade nachdenkt. Ich vermag wirklich nicht nachzuvollziehen, wie Sie sagen können, daß sie überhaupt ›denkt‹. Man benötigt einen Menschen, der außerhalb der Maschine steht, um diese Muster als Mitteilung *über* irgend etwas anderes zu deuten.«

Schrödinger unterbrach diese Tirade mit der Frage: »Bestreiten Sie, daß es Denkgesetze gibt, die wir aufdecken können, um damit das Denken zu erklären, genau wie wir das Gesetz der Schwerkraft oder die Gesetze der Chemie dazu verwenden, um physikalische Phänomene zu erklären?«

»Ich behaupte, daß die gesamte moderne Weltauffassung auf der Illusion basiert, die sogenannten ›Naturgesetze‹ seien die Erklärung natürlicher Phänomene«, gab Wittgenstein zurück.

Snow ging dazwischen, um die Debatte – wenigstens für den Augenblick – zu beenden. »Das bedarf noch einiger Erklärung, Wittgenstein, wenn Sie damit sagen, daß nicht allein das menschliche Denken über das Befolgen von Regeln hinausgeht, sondern alle anderen natürlichen Vorgänge ebenso. Ich sehe aber, daß Simmons den Fisch servieren möchte. Deshalb schlage ich vor, daß wir ein paar Minuten pausieren und unsere Gläser mit diesem wundervoll aussehenden Montrachet füllen, während er seine Pflicht tut.«

# *Kapitel Drei: Fisch*

## GEIST UND MASCHINEN

Simmons ging um den Tisch herum und servierte jedem der Gäste eine leicht gegrillte, in Butter schwimmende Seezunge Meunière. Snow dachte derweil über das von Wittgenstein aufgeworfene Problem nach. Wie kann es sein, daß aus einer Ansammlung von Einsen und Nullen auf einem Band oder auch aus einem Muster von EIN und AUS in den Neuronen eines Gehirns Gedanken entstehen können? Wie ist es möglich, daß eine bloße Sammlung mehr oder weniger willkürlicher – auf ein Band geschriebener oder im Gehirn gespeicherter – Symbole so disparate *Bedeutungen* haben kann wie den Klang einer Kirchenglocke, einen Blitz bei einem Gewitter oder sogar dieses Rätsel selbst, das mich mit seiner Beziehung zwischen Symbolen und Denken beschäftigt? Es muß doch mehr dran sein am Denken, als daß nur eine Zeichenfolge von Nullen und Einsen gegen eine andere derartige Zeichenfolge ausgetauscht wird – gleichgültig, wie rasch die Veränderung auch geschehen mag und wie viele solcher Zeichenfolgen auf einmal verändert werden können. Turing kann es doch nicht ernst meinen, wenn er sagt, daß eine Maschine, die nur diese Zeichen hin- und herschiebt, dazu fähig ist, tatsächlich die Denkprozesse des menschlichen Geistes zu *kopieren?*

Snow wandte sich Turing zu und äußerte seine Bedenken: »Ich glaube, ich kann für viele von uns sprechen, wenn ich sage, daß ich es buchstäblich unglaublich finde zu denken, daß eine Maschine, die nur Nullen und Einsen auf einem Band verschieben kann, zu menschlichem Denken fähig sei. Vielleicht würde es uns helfen, den wesentlichen Punkt Ihrer Schlußfolgerung leichter zu begreifen, wenn Sie uns *genau* erläuterten, wie Ihrer Meinung nach diese Zeichenfolgen in Ihrer Maschine dazu kommen, etwas zu bedeuten.«

Haldane blickte für einen Moment von den Delikatessen auf seinem Teller auf und schloß sich Snows Bitte an: »Auch mich beunruhigt der Gedanke, wie aus einer rein syntaktischen Manipulation der Zeichenfolgen auf dem Band einer Rechenmaschine je so köstliche, semantisch aufgeladene Dinge entstehen könnten wie diese exzellente Seezunge, die ich mir gerade schmecken lasse. Sagen Sie mir, Turing, wohin ich auf Ihrem Band schauen müßte, um dieses köstliche Stück Fisch zu entdecken, hm?« bat er und hielt dabei einen Brocken Fisch auf seiner Gabel hoch. »Beantworten Sie mir das freundlicherweise, und ich werde zugeben, daß Ihre Maschine doch imstande sein könnte, Gedanken wie die meinen zu haben.«

Turing, der die Schwierigkeiten erkannte, auf die er stieß, wenn er versuchen würde, genau zu erklären, wie diese Verwandlung von Syntax in Semantik womöglich ablaufen könnte, starrte einen Moment lang in den Regen hinaus, der inzwischen stärker denn je gegen die Fensterscheiben trommelte. Während er auf seinem Stuhl herumrutschte, machten ihn Snows Verwirrung und die Heftigkeit von Haldanes Frage einigermaßen sprachlos. Wie kann irgend jemand je ein angenehmes Gefühl oder eine felsenfeste Überzeugung wissenschaftlich *erklären,* fragte er sich. Welche Art logischer Argumente kann ich vorbringen, die abgebrühte Materialisten wie Haldane oder Schrödinger davon überzeugen würden, daß Intelligenz einfach eine Frage des Befolgens der richtigen Regeln ist? Was ich auch sage, Wittgenstein wird mit Sicherheit bis zu seinem letzten Atemzug dagegenhalten. Warum habe ich überhaupt diesem Treffen heute abend zugestimmt? Die Situation ist wirklich hoffnungslos. Aber jetzt stecke ich bis zum Hals drin, und mir bleibt wohl nichts anderes übrig, als es darauf ankommen zu lassen und das Beste zu hoffen. Turing nahm einen kräftigen Schluck Wasser, räusperte sich und setzte zu der Erklärung an, wie aus Symbolen auf einem Band echtes Denken entstehen könnte. Zunächst erläuterte er den Anwesenden, wie jede Art Idee, jeder Gegenstand oder jede Tätigkeit, die durch Sprache ausgedrückt werden kann, sich durch eine Kette von Nullen und Einsen auf dem Band einer Rechenmaschine *verschlüsseln* läßt.

»Reden wir für einen Moment von Haldanes Stück Seezunge[12]«, begann er. »Nehmen wir an, ich will das englische Wort SOLE auf dem Band meiner Maschine darstellen. Eine einfache Weise, dies zu tun, ist, ein Schema herzustellen, in dem jedes Zeichen des lateinischen Alphabets seine nur ihm eigene Zeichenfolge

12 engl. Sole

aus Nullen und Einsen besitzt. Es gibt viele Möglichkeiten solcher Verschlüsselungen, aber lassen Sie mich Ihnen nur eine davon vorführen. Wir nehmen einen Block von acht Quadraten auf dem Streifen, von denen jedes eine 0 oder eine 1 enthalten kann. Somit ergibt sich eine Gesamtsumme von $2 \times 2 \times 2 \ldots \times 2 = 2^8 = 256$ unterschiedlichen Mustern von Nullen und Einsen, die diese Folge von acht Quadraten aufweisen kann. Jedes dieser Muster kann ich nun mit einem von 256 Symbolen verbinden, was völlig ausreicht, um alle Buchstaben und Zeichen unterzubringen, die etwa in einem großen Wörterbuch der englischen Sprache zu finden wären. Nehmen wir beispielsweise einmal an, ich lasse die Folge 00000001 den kleinen Buchstaben a darstellen, 000000010 den Buchstaben b usw. Auf diese Weise kann jedem Buchstaben des Alphabets, den Zahlen 0 bis 9, Interpunktionszeichen wie ? und ! sowie orthographischen Zeichen wie ( und ] ein ganz eigener Code als eine Folge von acht Nullen bzw. Einsen zugeordnet werden. Unter Verwendung dieses Systems kann ich nun das Wort SOLE auf dem Band mit einer Folge von vier Gruppen von jeweils acht Quadraten wiedergeben – eine Gruppe für jeden der vier Buchstaben des Wortes. Setzt man die entsprechenden Interpunktionszeichen und andere Zeichen der englischen Schriftsprache hinzu, dann erlaubt mir dieses Schema, auf dem Band sämtliche Begriffe zu verschlüsseln, mit denen sich in schriftlicher Form kommunizieren läßt.«

»Das ist alles ganz klar«, sagte Schrödinger. »Aber damit wird doch einfach nur eine Folge von Zeichen gegen eine andere ausgetauscht.«

»Wohl wahr«, stimmte Turing zu. »Sobald wir aber

einmal einen bestimmten Gedanken oder eine Situation in eine Folge von Nullen und Einsen verschlüsselt haben, kann dann das Programm der Maschine diese Zeichenfolgen in neue verwandeln. Und diese neuen Zeichenfolgen können dann in Aussagen auf englisch entschlüsselt werden, von denen eine womöglich die Beschaffenheit und den Geschmack jenes Seezungenstückchens auf Haldanes Gabel oder gar die Gedanken ausdrückt, die ihm durch den Kopf gehen, wenn er an den Genuß denkt, den er beim Hineinbeißen empfinden wird.«

»Wollen Sie damit sagen, daß die Regeln des Programms bei der Veränderung der Zeichen auf dem Band dasselbe tun wie das menschliche Gehirn, wenn es während des Denkvorgangs Neuronen auf EIN oder AUS stellt?« erkundigte sich Snow mit ungläubig hochgezogenen Augenbrauen.

»Grundsätzlich ja. Natürlich wissen wir noch nicht wirklich, welches die vom Gehirn benutzten Regeln sind. Übrigens wissen wir nicht einmal, *wie* das Gehirn tatsächlich seine Regeln speichert und einsetzt.«

»Eine bloß passive Umwandlung von Zeichen nach einer vorgegebenen Regel ist nicht das, was ich mir unter Denken vorstelle«, warf Haldane ein. »Falls das Programm aber über die Kapazität verfügen sollte, durch die Überprüfung der Ergebnisse seiner Aktionen und deren entsprechende Modifikation zu ›lernen‹, könnte das vielleicht ausreichen, um versucht zu sein, ein derartiges Programm ›intelligent‹ zu nennen.«

Turing, der nun wieder Boden gutmachte, fuhr mit seinen Darlegungen fort, wie seiner Auffassung nach das Gehirn arbeite, um Denken hervorzubringen. »Ich bin davon überzeugt, daß der Vorgang in einer Rechenmaschine, wenn sie Symbole auf einem Band in neue Symbole verändert, genau der gleiche ist wie der, den das Gehirn durchläuft, wenn es unterschiedliche Muster von Neuronen zu unterschiedlichen Zeiten zum Feuern veranlaßt und dadurch das erzeugt, was wir ›Gedanken‹ nennen.«

»Die reinste Sophisterei«, rief Wittgenstein. »Wo finden Sie denn die *Bedeutung* des Wortes SOLE in diesem ganzen Zeichenkram? Wie können Sie behaupten, eine Zeichenfolge, bei der Nullen und Einsen nach einem völlig willkürlichen Verschlüsselungssystem zusammengestellt worden sind, könne auf irgendeine Weise wirklich dieses Stück Fisch auf Haldanes Gabel *bedeuten?* Die Benennung dieses Stücks Protein, das wir ›Seezungenfilet‹ nennen, kann nur im Kontext einer entwickelten Sprache geschehen, in der es bereits Regeln für das Herausgreifen von Gegenständen, für den Gebrauch von Namen und für die Ausführung von Operationen gibt. Die Kriterien für all dies stekken nicht in der Logik von Maschinen, Bändern und Codes, sondern in der tatsächlichen Praxis einer Sprachgemeinschaft. Eine solche Art von Bedeutung läßt sich einer toten Zeichenfolge nicht einhauchen, indem man einfach eine Reihe von Regeln aufstellt, die festlegen, wie diese Zeichenfolgen in neue umgewandelt werden.«

»Wollen Sie uns damit sagen, daß Bedeutung nur aus jener Art gesellschaftlichen Konsenses entsteht, der es uns gestattet, miteinander mittels natürlicher Sprachen zu kommunizieren?« fragte Snow in leicht verwundertem Ton.

»Genau das. Bedeutung kann nur aus der Teilnahme

an einem Sprachspiel hervorgehen, und Rechenmaschinen können nie Teilnehmer in einem solchen Spiel sein, das wir hier gerade spielen. Turing befindet sich in einem schweren Irrtum, wenn er glaubt, daß das, was sich die Maschine als ein Stück Seezunge ›denken‹ könnte, irgendeine Ähnlichkeit mit dem hat, was irgendeiner von uns über dasselbe Stück Fisch denkt. Wir haben eine gemeinsame Vorstellung von diesem Fisch, weil wir eine gemeinsame Lebensweise haben. Und wenn die Maschine überhaupt irgendein Sprachspiel spielt – was ich ernstlich bezweifle –, dann ist es gewiß keines der Spiele, die Menschen spielen. Bedeutung ist letztendlich in sozialer Praxis zu Hause, nicht in der Logik.«

Da Wittgenstein beim Darlegen seiner Ansicht immer lebhafter und erregter wurde, beugte sich Schrödinger vor und legte seine Hand auf den Arm seines Landsmanns, um ihn ein wenig zu beruhigen. »Moment mal, Wittgenstein«, sagte er, »Turing könnte hier etwas Richtiges gesagt haben. Selbst wenn die Art Bedeutung, die wir Haldanes köstlichem Stückchen Seezunge beimessen, aus menschlicher Erfahrung und Teilhabe an einer gemeinsamen Lebensweise herrührt, ist mir keineswegs klar, warum diese Bedeutung nicht zumindest grundsätzlich in genau der Weise in das neuronale Schaltbild unserer Gehirne encodiert sein könnte, wie sie nach Turings Behauptung auf dem Band einer Rechenmaschine verschlüsselt werden kann. Ich vermag in diesem Argumentationsgang jedoch nicht zu erkennen, wie jene Art intelligenten Verhaltens, das wir mit Lernen verbinden, in Turings Schema zum Tragen kommt.«

»Genau«, pflichtete Snow bei, »so wie Turing es

gerade beschrieben hat, scheint keinerlei Möglichkeit zu bestehen, daß die Maschine etwas anderes tut, als in Übereinstimmung mit den *vorgegebenen* Befehlen, aus denen das Programm der Maschine besteht, die Zeichen auf dem Band zu verschieben. Aber das ist ganz und gar nicht die Art und Weise, wie sich Menschen verhalten. Wir sind ständig bereit, anders zu denken, uns an neue Umstände anzupassen, auf anscheinend identische Situationen inkonsequent zu reagieren und uns überhaupt auf absonderliche und unvorhersehbare Weisen zu verhalten. Wenn eine Rechenmaschine dazu nicht imstande ist, sehe ich nicht, wie sie je etwas aufweisen könnte, was wir menschliche Intelligenz nennen würden.«

Turing, der Snow und Schrödinger zustimmte, erwiderte: »Eine Rechenmaschine wird nur dann Intelligenz aufweisen, wenn sie fähig ist, ihr Programm im Licht neuer Informationen zu modifizieren. Wenn also die Maschine neue Eingabemuster liest, die ihr auf dem Band mitgeteilt werden, wird sie Regeln zur Abänderung der vorhandenen Operationsregeln benötigen, ›Metaregeln‹ sozusagen. Auf diese Weise könnte das Programm lernen und sich an eine wandelnde Umwelt und an die Umstände, die es aus den Eingabedaten auf dem Band ›erkennt‹, anpassen – genauso, wie es die Menschen tun.«

»Damit sie das tun kann, müßte man der Maschine aber genau dieselben sensorischen Inputs geben, die wir alle haben, und es ihr ermöglichen, gleichsam ›erwachsen zu werden‹, in derselben Umgebung wie ein Mensch, nicht wahr?« fragte Schrödinger ruhig.

Turing überlegte einen Moment und gab dann zurück: »Lassen Sie mich mein Plädoyer für die logische

Möglichkeit einer denkenden Maschine etwas anders formulieren. Ein wichtiger Grund, der meinen Glauben an die Ausführbarkeit dieser Idee stützt, ist der Umstand, daß es möglich ist, Maschinen herzustellen, die nahezu jeden kleinen Teil eines Menschen nachmachen. Das Mikrophon tut das für das Ohr, und die Kamera tut dasselbe für das Auge. Die Fragen, die wir hier miteinander diskutieren, betreffen primär das Nervensystem, und fraglos könnten wir einigermaßen genaue elektrische Modelle bauen, um damit die Struktur und das Verhalten von Nerven zu kopieren, obwohl es wenig sinnvoll zu sein scheint, dies auch wirklich zu tun. Es wäre in etwa so, als wenn man viel Arbeit darauf verwendete, Autos zu bauen, die sich auf Füßen vorwärtsbewegen, statt weiterhin Räder zu benutzen.«

»Wollen Sie wirklich vorschlagen, daß man sich, um eine ›denkende Maschine‹ zu bauen, einen Menschen als Ganzes vornimmt und versucht, jedes seiner Einzelteile durch eine Maschinerie zu ersetzen?« forderte ihn Haldane heraus. »Das wäre nun wirklich ein gewaltiges Vorhaben, und selbst wenn die Aufgabe gelänge, hätte diese Kreatur immer noch keinen Kontakt zu Essen, Sex, Sport und vielerlei anderem, was für den Menschen von erheblichem Interesse ist.«

»Obwohl dies wahrscheinlich der ›sicherste‹ Weg wäre, um eine denkende Maschine herzustellen, scheint er mir doch allzu langwierig und unpraktisch«, erwiderte Turing. »Ich schlage vielmehr vor herauszufinden, was sich mit einem ›Gehirn‹ anstellen läßt, das mehr oder weniger ohne Körper ist und das man höchstens mit Organen zum Sehen, Sprechen und Hören ausstattet. Selbstverständlich sehen wir uns dann dem

Problem gegenüber, für die Maschine die passenden Denkbereiche zu finden, in denen sie ihr Vermögen zur Geltung bringt. In diesem Zusammenhang denke ich mir, daß Gebiete wie Schachspiel, Kryptographie und Mathematik sich gut eignen würden, weil sie geringen Kontakt zur Außenwelt erfordern.«

»Lassen Sie uns für einen Moment annehmen, Sie gäben Ihrer Maschine diese sensorischen Inputs«, sagte Haldane. »Wie wäre sie in der Lage, diese zu nutzen, um tatsächlich ihre interne Programmierung zu verändern, damit sie auch nur in einem so eingegrenzten Bereich wie Mathematik oder Schach etwas lernt?«

»Nun«, spekulierte Turing, »wir würden wahrscheinlich mit einer Maschine beginnen, die über sehr geringe Kapazität zur Ausführung differenzierter Operationen oder zur Befolgung von Befehlen verfügt. Durch geeignete Eingriffe von außen, die dem Bildungs- und Erziehungsvorgang nachgebildet sind, dürfte die Möglichkeit bestehen, die Maschine so zu modifizieren, bis sie zuverlässig eindeutige Reaktionen auf bestimmte Anweisungen produziert.«

»Wie sieht das bei einem sehr begrenzten Diskursgebiet wie der Mathematik aus?« sagte Wittgenstein. »Wie würde eine Maschine Mathematik lernen?«

»Im Fall der Mathematik würde das unter anderem bedeuten, daß man der Maschine sowohl etwas über Mengen von Objekten wie Punkte und Linien sagt sowie über die logischen Operationen, die benötigt werden, um neue Mengen zu bilden. Aber ich kann Ihnen jetzt wirklich noch keine vollständige und ins einzelne gehende Darstellung davon liefern, wie das geschehen könnte, aus dem einfachen Grund, weil ich es noch nicht weiß. Unsere gegenwärtige Forschung geht hauptsächlich in diese Richtung. Aber ich bin völlig überzeugt, daß es kein logisches oder technologisches Hindernis gibt, diesen Plan auszuführen. Was im Moment fehlt, sind allein der Wille – und natürlich die Mittel.«

Nun merkte Haldane an: »Gerade eben haben Sie uns über die Arbeit von McCulloch und Pitts erzählt, die versuchen, die neuronalen Schaltkreise im Gehirn durch mathematische Formeln nachzuahmen, die, jedenfalls grundsätzlich, aus modernen elektrischen Komponenten wie Röhren, Relais und dergleichen aufgebaut werden könnten. Womöglich würde ein System, das die Stärke der Verbindungen zwischen den künstlichen Neuronen in einem solchen Schaltbild reguliert, dabei helfen, eine solche Maschine mit Lern- und Anpassungsfähigkeit auszustatten.«

»Das sind exakt meine Überlegungen«, gab Turing zurück. »Lassen Sie mich Ihnen zeigen, wie eines dieser künstlichen neuronalen Netze aussehen könnte.«

Wieder griff Turing nach seinem Notizbuch und zeichnete ein Diagramm, das zeigte, wie ein Netzwerk aus den von McCulloch und Pitts erdachten idealisierten Neuronen strukturiert sein könnte.

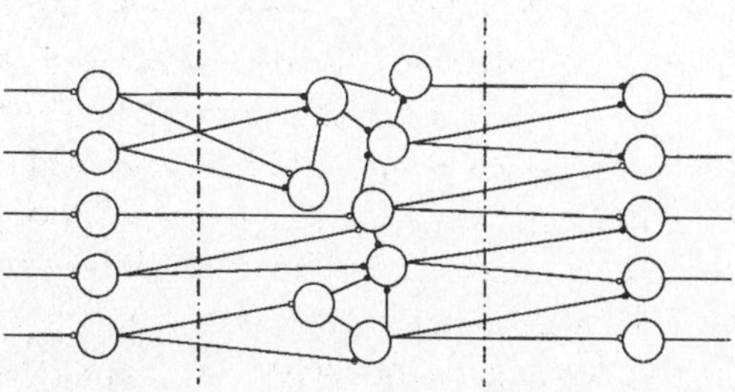

»Was ich damit sagen will, ist folgendes: Wenn man das EIN/AUS-Muster der Input-Neuronen als analog zu den Input-Zeichen auf dem Band der Maschine auffaßt und das Signalmuster der Output-Neuronen den Output-Zeichen auf dem Band entsprechen läßt, würden die Verbindungen zwischen den Neuronen das Muster auf der Input-Ebene in dasjenige der Output-Ebene verwandeln. Das bedeutet, daß diese Verbindungen genau dieselbe Funktion erfüllen wie das Programm der Rechenmaschine. Beide Systeme – ein neuronales Netz und eine Turing-Maschine – sind somit ganz und gar gleichwertig. Was das eine kann, kann das andere auch.«

»Bedeutet das, daß McCulloch und Pitts nachgewiesen haben, daß es zwischen einem Netzwerk mathematischer Neuronen wie diesem und der abstrakten Rechenmaschine, die Sie uns vorhin gezeigt haben, keinen Unterschied gibt?« fragte Snow.

»Ja! Genau das haben sie vorgeführt«, antwortete Turing und geriet vor lauter Begeisterung bei der Beschreibung dieser Arbeit ins Stottern. »Das neuronale Netz und die Maschine führen exakt die gleichen Operationen aus; mathematisch gesprochen sind sie ›isomorph‹. Was immer von einem dieser neuronalen Netze geleistet werden kann, kann auch von einer meiner Rechenmaschinen getan werden. Haldanes Geisteszustand etwa, wenn er über das Seezungenstückchen auf seiner Gabel nachdenkt, läßt sich als ein bloßes Stadium im Programm einer Rechenmaschine auffassen. Und da wir unter Verwendung elektronischer Geräte tatsächlich sowohl neuronale Netze wie auch Rechenmaschinen bauen können, können wir diese Geräte als Grundlage einer elektromechanischen

Theorie von Geisteszuständen betrachten. Das heißt, daß in gewissem Sinne Biologie dasselbe ist wie Elektronik.«

»Sie sind ziemlich schweigsam gewesen, Schrödinger«, fiel Snow auf. »Was denken Sie als Physiker über die Idee, aus Röhren, Drähten und dergleichen ein künstliches Gehirn zu bauen?«

»Woran ich im Moment herumrätsele«, antwortete Schrödinger, »ist, ob Turing denkt, daß wir eine elektronische Maschine bauen können, um das menschliche Gehirn in manchen seiner Funktionen *nachzuahmen*, oder ob er sagt, es sei möglich, tatsächlich ein menschliches Gehirn in elektronischer Form zu *kopieren* oder genau zu *reproduzieren?* Ob Sie mir wohl in diesem Punkt Klarheit verschaffen könnten, Turing?«

»Ich will es versuchen. Im Hinblick auf menschenähnlich intelligentes Verhalten sehe ich nicht, daß es tatsächlich einen großen Unterschied macht. Es sei denn, selbstverständlich, Sie meinten, daß es in der stofflichen Konstitution des menschlichen Gehirns etwas Besonderes gibt, das für seine kognitiven Fähigkeiten verantwortlich ist, und daß dieses ›Besondere‹ sich nicht in elektronische Schaltkreise einfangen läßt.«

»Nun, wir brauchen wohl keinen Wahrsager, um Ihre Ansichten dazu zu ahnen, Turing«, sagte Snow mit einem Lächeln. »Aber warum verraten Sie sie uns nicht trotzdem?«

»Wohl wahr«, entgegnete Turing. »Dazu habe ich wirklich eine klare und definitive Meinung. Ich glaube, an der stofflichen Zusammensetzung unserer Gehirne ist gar nichts Besonderes, jedenfalls bezogen auf das Denken.«

»Sie könnten sogar sagen, daß das Materielle hier ganz unwesentlich ist, oder?« scherzte Haldane.[13]

»Man könnte es gewiß auch so ausdrücken«, erwiderte Turing mit der Spur eines Lächelns. »Worauf es jedoch ankommt, ist, was die Bestandteile des Gehirns – im wesentlichen seine Neuronen – tatsächlich tun, und die Art und Weise, in der sie miteinander verbunden sind. Es sind diese funktionalen und strukturellen Aspekte des Gehirns, die ihm sein kognitives Vermögen verschaffen. Ich bin überzeugt, wenn wir elektronische Neuronen bauen und so miteinander verbinden würden, wie sie im menschlichen Gehirn verbunden sind, dann würde dieses elektronische Gerät Denk- und Handlungsregeln genau derselben Art verkörpern wie jene, die tatsächlich im menschlichen Gehirn vorhanden sind. Solch eine Maschine würde exakt dieselben Funktionen ausführen wie das Gehirn. Maschinelle Intelligenz entsteht aus der Komplexität der Gesamtheit von Regeln, die das Programm ausmachen, nicht aus den einzelnen Programmschritten, die durchaus sehr elementar sein können, wie wir es bereits gesehen haben, als wir 1 und 2 zusammenzählten.« Snow erkannte, daß Turing mit diesen ziemlich gewagten Behauptungen das von den Anhängern der behavioristischen Psychologie vertretene Kontinuum von Lernen, Informationsverarbeitung und kognitiver Tätigkeit mit der Mechanik des Berechnens gleichsetzte.

»Indem Sie die Vorstellung eines Netzwerks mechanischer Regeln an die Stelle des von den Behavioristen reklamierten Kausalnetzes von Reiz-und-Reaktions-

13 Unübersetzbares Wortspiel: »matter doesn't really matter«. (A. d. Ü.)

Verbindungen setzen, behaupten Sie also, wenn ich Sie recht verstehe, daß die logische Grammatik von Zweck, Entscheidung und Lernen im Rahmen einer Reihe mechanischer Regeln erfaßt werden kann, die sich wiederum in die Befehle eines Rechnerprogramms einfassen ließen«, setzte Schrödinger hinzu.

Wittgenstein, der vom Tisch aufgesprungen war und seinen Stuhl zurückgestoßen hatte, konnte nicht länger an sich halten. Während er hin und her durch das Zimmer eilte, die Augen auf ein nur ihm sichtbares Reich jenseits von Raum und Zeit gerichtet, forderte er Turing heraus.

»Unter welchen Bedingungen kann ich sagen, daß jemand einer Regel folgt? Wenn Sie auf einem Rechenapparat die Knöpfe für die Zahlen ›20‹, ›25‹ und das ›x‹ drücken und dann die Zahl 500 herauskommt, bedeutet das *nicht*, daß Sie 20 X 25 berechnet haben. Die Frage: ›Wie sind Sie auf die richtige Antwort gekommen?‹ ist eine Frage nach den dabei benutzten Regeln. Die richtige Antwort gibt uns nicht das Recht, davon zu sprechen, daß jemand – oder etwas – etwas berechnet hat.«

»Aber Turing sagt doch gerade, daß mehr gar nicht nötig sei; nur auf das Verhalten kommt es an, nicht darauf, wie es zustande gekommen ist«, bemerkte Schrödinger.

»Ich aber sage, in dem Moment, wo für uns das Berechnen wie die Tätigkeit einer Maschine aussieht«, fuhr Wittgenstein fort und faßte dabei Schrödinger wegen dessen kühner Unterbrechung ins Auge, »ist der Mensch, der die Berechnung ausführt, die Maschine. Nur weil sich eine Regel mechanisieren läßt, heißt das noch nicht, daß diese Regel ›mechanisch‹ ist.

Jede Regel läßt sich als Beschreibung eines Mechanismus auffassen. Turing-Maschinen sind einfach Menschen, die Berechnungen anstellen. Die Frage, ob eine Maschine denken kann, ist schlechtweg nicht zu beantworten, weil sie logisch absurd ist. Es ist, als fragte man nach der Farbe von 3.«

Danach schien Wittgenstein wie einem undichten Ballon langsam die Luft auszugehen. Mit schmerzverzerrtem und ziemlich besorgtem Gesicht kehrte er auf seinen Stuhl zurück, sackte in sich zusammen und starrte auf den Tisch; der weitere Verlauf der Diskussion schien ihm völlig zu entgehen.

Währenddessen wandte sich Haldane an Turing und sagte: »Wittgensteins Argument geht offenbar dahin, daß zum Denken sehr viel mehr gehört als nur das Befolgen einer Reihe von Regeln. Ich frage mich, wie man je entscheiden will, ob eines Ihrer ›elektronischen Gehirne‹ wirklich gedacht hat oder einfach bloß aus einer Abfolge von Regeln Resultate produziert hat, die den Anschein erwecken, *als ob* es so dächte wie Sie oder ich. Gibt es einen objektiven Test, auf den zurückgegriffen werden könnte, um diese beiden Möglichkeiten auseinanderzuhalten?«

»Wie kann man je entscheiden, ob ein anderer Mensch gerade denkt?« gab Turing leicht gereizt zurück. »Keiner von uns hat Zugang zum inneren geistigen Leben eines anderen. Nur aufgrund des Verhaltens eines Menschen können wir das beurteilen. Ich sage oder tue Ihnen etwas, und Sie reagieren auf eine bestimmte Weise. Daraufhin reagiere ich auf Ihre Antwort und so weiter. Nach einer Reihe derartiger Interaktionen entscheide ich, daß Sie denken, statt ein Klumpen unbelebter Materie zu sein wie dieser Wasserkrug oder das Messer auf meinem Teller. Auf diese Weise gelangen wir dazu, in anderen Menschen denkende Wesen wie wir selbst zu sehen.«

»Und wie würden Sie diese Art von ›Denken‹ empirisch überprüfen?« fragte Snow.

»Ich würde folgenden Test vorschlagen. Lassen Sie mich eine Rechenmaschine, die darauf programmiert ist, wie ein Mensch zu denken, und einen Menschen nebeneinander in einem Zimmer plazieren und jedem eine Fernschreibverbindung zu einer Schreibmaschine in einem anderen Raum zur Verfügung stellen. Dann bitte ich Sie, sich an die Schreibmaschine zu setzen und mit dem einen oder anderen per Fernschreiber ein schriftliches Gespräch zu führen – sage Ihnen aber nicht, ob es die Maschine oder der Mensch ist, womit Sie sich unterhalten.«

»Welche Art von Fragen kann ich stellen?« erkundigte sich Snow.

»Sie können jede beliebige Frage stellen, können jegliche Art von Aussage machen und überhaupt genauso Konversation treiben, wie wir es heute abend getan haben.«

Aha, dachte Schrödinger, Turing entwickelt da eine Art Gedankenexperiment, um den Begriff des Denkens zu veranschaulichen. Dies erinnerte ihn an sein eigenes, inzwischen berühmt gewordenes gedankliches Experiment mit der verschlossenen Kiste und der Katze, das er sich ausgedacht hatte, um einige Probleme des Messens in der Quantentheorie zu veranschaulichen.

»Nehmen wir an, ich gestatte Ihnen auf diese Weise die Interaktion mit dem, der oder was auch immer im Nebenraum sitzt«, fuhr Turing fort. »Sagen wir, für eine Stunde, und daß wir dieses Experiment viele Male durchführen. Wenn Sie am Ende dieser Versuchsreihe außerstande sind, verläßlich zwischen Mensch und Maschine zu unterscheiden, dann würde ich behaupten, daß entweder die Maschine intelligent ist oder Sie, der Mensch, es nicht sind. Wenn Sie also bereit sind, dem Menschen Intelligenz zuzusprechen, kann ich nicht verstehen, wie Sie dieselben Rechte der Maschine verweigern können. Schließlich ist dieses Verfahren genau das, mit dem ich in ebendiesem Moment entscheide, daß Sie in der Tat intelligent sind. Durch die Beobachtung Ihrer Reaktionen auf das, was ich in einer Vielfalt von Umständen gesagt und getan habe, bin ich zu dem Schluß gekommen, daß Sie ein denkendes Wesen sind wie ich selbst. Und das nicht deshalb, weil Sie einen Schnurrbart haben oder zwei Augen oder aus irgendeinem anderen Grund, der mit Ihrem Äußeren zu tun hat. Es geschieht allein deshalb, weil Sie auf bestimmte Weisen agieren und reagieren, die ich für normale Reaktionen intelligenter Menschen unter solchen Umständen halte.«

»Sie sagen demnach, daß diese Art ›Imitationsspiel‹ die richtige Art eines objektiven Tests ist, um zu entscheiden, ob eine Rechenmaschine fähig ist, wie ein Mensch zu denken. Ist das Ihr Argument?« fragte Snow.

»Ja, das ist es«, erwiderte Turing.

»Indem Sie Ihren Intelligenztest auf das äußere Verhalten einer Maschine oder Person ausrichten, anstatt auf die inneren Vorgänge dieser Maschine oder eines menschlichen Gehirns, haben Sie sich damit direkt ins Zentrum der behavioristischen Schule der Psychologie begeben«, bemerkte Schrödinger. Er erinnerte daran, daß die Behavioristen der zwanziger Jahre wie etwa John D. Watson in ihren Theorien über die Rolle innerer ›Geisteszustände‹ als Verursacher des Denkens einerseits ziemlich ambivalent gewesen waren, andererseits aber mit Nachdruck bestritten, daß irgendwelche derartigen internen Charakteristika des Gehirns in einer *wissenschaftlichen* Theorie der Denkprozesse oder des Verhaltens von Menschen berücksichtigt werden könnten.

»Nach Ansicht dieser sogenannten Behavioristen sind es ausschließlich die von außen beobachtbaren Handlungen, die zur Grundlage einer legitimen wissenschaftlichen Verhaltenstheorie genommen werden können«, fügte Haldane hinzu. »Turings Intelligenztest scheint mir demnach einfach nur eine Übertragung dieses behavioristischen Paradigmas vom Menschen auf die Maschine zu sein.«

Wie die Thesen der Behavioristen wurde nun Turings Test von fast allen Anwesenden scharf kritisiert.

Haldane begann den Angriff gegen das Imitationsspiel mit der Begründung: »Mir scheint, daß man über das Wesen eines anderen mehr erfährt, indem man gegen ihn ankämpft, als dadurch, daß man ihm gehorcht. Mechanismen aber können keine Freude empfinden, lassen sich durch Schmeicheleien nicht erwärmen oder ganz generell zu irgendwelchen bewußten emotionalen Reaktionen bringen. Folglich scheint mir, daß der einzige Weg, uns zu vergewissern, daß eine Maschine denkt, darin besteht, die Maschine tatsächlich *zu sein.*«

»Das ist eine sehr solipsistische Sicht, die den Gedankenaustausch unmöglich machen würde«, erwiderte Turing. »Wenn Sie recht hätten – was ich keine

Sekunde glaube –, dann würde mein Imitationsspiel eindeutig nicht für einen Intelligenztest ausreichen, da wir nie sicher sein könnten, daß ein anderer wirklich denkt, ohne tatsächlich diese andere Person *zu sein.* Aber selbstverständlich erkenne ich an, daß Sie denken, und ich nehme an, daß Sie mir dasselbe zugestehen würden. Deshalb muß ich Ihnen leider sagen, daß ich dieses Argument alles andere als überzeugend finde. Solipsismus ist auf nichts eine Antwort.«

Nun nahm Snow wieder Teil an dem Streit und sagte. »Vielleicht, Turing. Aber nach dem, was Sie bislang über die Arbeitsweise der Rechenmaschine gesagt haben, habe ich den Eindruck, daß die Maschine nur tun kann, was wir ihr befehlen. Sie hat eine bestimmte Reihe von Anweisungen, die ihr Programm ausmachen, und diese Anweisungen werden nun sklavisch befolgt, Schritt für Schritt, bis die Maschine anhält. Ich sehe nicht, wie die Maschine je Unvorhersehbarkeit, freien Willen oder etwas von den vielen anderen Dingen aufweisen könnte, die wir im alltäglichen menschlichen Verhalten beobachten.«

Turing reagierte sofort: »Das ist nun wirklich dieselbe Art Einwand, wie ihn Lord Byrons Tochter Lady Lovelace vor fast einem Jahrhundert vorbrachte, als sie mit Charles Babbage an dessen ›analytischer Maschine‹ arbeitete. Und ich werde Ihnen dasselbe dazu sagen, was Babbage vermutlich zu ihr gesagt hat. Es ist eben keineswegs immer klar, welche Konsequenzen aus einem gegebenen Faktum entstehen; insbesondere ist es höchst unklar, welche Art Quantitäten im Verlauf einer Berechnung errechnet werden, die durch das Befolgen einer vorgegebenen Reihe von Befehlen geschieht. Selbst wenn die Regeln – jede für sich genommen – einfach sind, kann die Abfolge vieler Tausender – oder vieler Milliarden – von Schritten unter Verwendung solcher Regeln völlig unerwartete Größen hervorbringen. Eine Maschine, die lernt und in der Lage ist, aufgrund neuer Eingaben die Anweisungen in ihrem Programm zu modifizieren, ist ein ausgezeichnetes Beispiel für einen derartigen, Regeln folgenden Mechanismus. Die Maschine kann also durchaus nur dazu imstande sein, wozu wir sie anweisen, ja. Aber die Konsequenzen solcher Anweisungen können nicht einmal wir voraussehen.«

An diesem Punkt äußerte Schrödinger: »Wittgenstein hat bereits einige ausgezeichnete Gründe zugunsten der Unberechenbarkeit menschlichen Verhaltens angeführt. Es scheint ganz einfach unmöglich zu sein, Verhaltensregeln für jegliche Eventualität bereitzustellen; kurz gesagt, am Leben scheint erheblich mehr dran zu sein als das bloße Befolgen eines Regelwerks. Deshalb sehe ich auch nicht, wie irgendeine Art Maschine – selbst eine, die zur Veränderung ihrer Regeln fähig wäre – je menschliche Verhaltensmuster kopieren kann, wenn einige dieser Muster durch *keinerlei* Regeln bestimmt sind.«

Turing war etwas irritiert durch einen solchen Einwand, zumal er von einem Wissenschaftler von Schrödingers Rang kam, weil dies seiner Meinung nach darauf hinauslief, das Vorhandensein von Struktur und Muster im menschlichen Verhalten zu bestreiten. Er erwiderte Schrödinger: »Die einzige Möglichkeit, Verhaltensgesetze zu entdecken, besteht darin, nach ihnen zu suchen. Nie aber können wir sicher sein, daß wir gründlich und lange genug hingesehen haben. Vielleicht sind Verhaltensweisen, von denen wir denken, sie lägen außerhalb des Bereichs der Regeln, in Wirklichkeit doch von der einen oder anderen Regel bestimmt, und wir sind bei unserer Suche nach ihnen einfach nicht klug oder sorgfältig genug vorgegangen.«

Schrödinger wehrte diese Antwort mit einem Hinweis auf Gödels Forschungen zur mathematischen Logik, die Turing bereits erwähnt hatte, ab. »Aber Sie selbst haben uns doch gesagt, Gödel habe demonstriert, daß es Aussagen über Zahlen gibt, die nie durch die Befolgung eines Satzes von Regeln bewiesen oder widerlegt werden können. Wir Menschen können freilich erkennen, daß diese Aussagen zwingend richtig sein müssen; wir können nur nicht *beweisen,* daß dem so ist. Heißt das nicht, daß es Dinge gibt, die der menschliche Geist wissen kann, die aber nie von irgendeiner Maschine gewußt werden können?«

»Gödels Ergebnisse sind in diesem Zusammenhang eher irreführend«, wandte Turing ein. »Gödels Unvollständigkeitstheorem nimmt an, daß das logische System, das man zur Verifikation oder Falsifikation von Aussagen über Zahlen benutzt, schlüssig und irrtumsfrei ist. Das bedeutet, daß es nicht möglich ist, ein und dieselbe Aussage innerhalb der Regeln des Systems zu bestätigen und zu widerlegen, und daß wir nie einen logischen Fehler begehen, wenn wir die deduktiven Regeln des Systems anwenden. Wenn eine dieser Bedingungen fehlt, dann ist es auch mit Gödels Schlußfolgerungen vorbei. Aber Menschen *machen* Fehler und *handeln* inkonsequent, und eine Maschine, die menschliche Verhaltensmuster kopiert, müßte dasselbe tun. Deshalb sehe ich nicht, wie Gödels Ergebnisse hier wirklich zum Tragen kämen.«

Während Turing sich damit kurzzeitig aus der inzwischen ziemlich aufgehetzten Diskussion zurückzog und nach dem Wasserkrug griff, debattierten die anderen die Behauptungen und Gegenbehauptungen, die rasch und heftig gewechselt worden waren.

Mit dem Versuch einer Zusammenfassung des bisherigen Diskussionsstandes beruhigte Snow das Gespräch. »Wie mir scheint, ist der springende Punkt der widerstreitenden Argumente, ob ein Satz von Regeln allein je als einziger Urheber menschlichen Verhaltens, insbesondere kognitiven Verhaltens, dienen kann. Turings Beweisführung hängt von der Annahme ab, daß ein Regelwerk, wenn es groß genug ist oder für eine ausreichend große Zahl von Schritten wirksam werden kann, zu einem Verhalten führen kann, das einem äußeren Beobachter als logisch, spontan, emotional, irrational und/oder kreativ erscheint. Wittgensteins Gegenargument lautet, daß keine Regelkonformität, wie langdauernd und kompliziert sie auch sein mag, je die Fülle menschlicher Kognitionstätigkeit zu erklären vermag. Bestenfalls könne eine solche regelgesteuerte Maschine nur einen kleinen Teil der menschlichen Erfahrung reproduzieren oder simulieren. Die einzige Möglichkeit, einen Menschen zu kopieren, wäre demnach, einer zu sein.«

»Die Vorstellung von einer denkenden Maschine ist einfach zu entsetzlich«, rief Haldane aus und hielt sein Glas Snow hin, damit dieser ihm noch ein bißchen von dem Montrachet nachschenken konnte. »Einige unserer mehr theologisch ausgerichteten Kollegen hier in Cambridge würden Ihnen womöglich entgegenhalten, daß das Denken eine Funktion der unsterblichen Seele des Menschen sei. Maschinen haben keine Seele. Folglich können Maschinen nicht denken – nie! Was sagen Sie dazu, Turing?«

»Denken Sie nicht, daß diese Argumentationslinie eine gewichtige Einschränkung der Allmacht des Allmächtigen impliziert?« entgegnete Turing. »Sie scheinen glauben zu wollen, daß die Menschen auf irgendeine subtile Weise dem Rest der Schöpfung überlegen sind. Falls dem so ist, werden wir uns selbstverständlich alle dieser Tatsache zu fügen haben, und ich werde dann leichten Herzens meine Vision von einer Maschine, die wie ein Mensch denken kann, aufgeben. Aber nach meinem besten Wissen gibt es keinen Beweis für die natürliche Überlegenheit des Menschen. Bis also jemand eine unwiderlegbare Begründung dafür vorbringt, bin ich gezwungen, diese Art Einwand lediglich als Phantasie und Wunschdenken zu betrachten.«

Als nächstes brachte Haldane eine Überlegung vor, die jedem wie eine wild spekulative, fast scherzhafte Möglichkeit vorkam, das Imitationsspiel zunichte zu machen. »Angenommen«, sagte er, »Ihr Fragesteller verfügte über einen außersinnlichen Kommunikationskanal zu seinem Gegenüber auf der anderen Seite des Schirms, so daß er zwischen Mensch und Maschine unterscheiden könnte, ohne den Fernschreiber zu benutzen. Würde das nicht Ihren Test zunichte machen?«

»Lieber Himmel«, rief Wittgenstein aus. »Sie führen da etwas sogar noch Spekulativeres als Turings kognitive Maschine ein. Wenn wir diese Diskussion jetzt in die mystische Stratosphäre abheben lassen, warum ziehen wir dann nicht auch die göttliche Eingebung in Betracht, die dem Fragesteller sagt, was sich auf der anderen Seite des Schirms befindet? Sie sind mit ihrer ESP-Idee[14] ein bißchen zu weit gegangen.«

Überraschenderweise verharrte Turing einen oder zwei Augenblicke in Schweigen, bevor er auf Haldanes ESP-Einwand reagierte. »Ich möchte meinen, daß diese Art extrasensorischer Kommunikation in der Tat meinen Intelligenztest ungültig machen würde. Alles, was ich dazu sagen kann, ist, daß in dem Moment, wo Sie ESP zulassen, alles möglich ist. In diesem Fall wäre das Imitationsspiel keine gute Möglichkeit mehr, um herauszufinden, ob die Maschine wie ein Mensch denkt oder nicht, weil man dann immer den Menschen von der Maschine unterscheiden könnte. Solange aber die Existenz derartiger Kommunikationsweisen nicht wissenschaftlich erwiesen ist, werde ich weiterhin das Imitationsspiel als die richtige Verfahrensweise vertreten.«

Während dieses Wortwechsels hatte Snow über Wittgensteins früheres Argument zur sozialen Grundlage von Sprache nachgegrübelt. Plötzlich fiel ihm dessen Übereinstimmung mit seiner alten Überzeugung auf, daß Worte immer einfacher sind als die von ihnen wiedergegebene Wirklichkeit; wäre dem nicht so, wären weder Diskussionen noch gemeinschaftliches Handeln möglich. Falls Wittgenstein also recht hat, dachte Snow, wenn er sagt, daß Worte irgendwie aus dem gesellschaftlichen Kollektiv heraus entstehen, dann wäre es sinnvoll, daß das Kollektiv sich auf Ausdrucksweisen für die rohe Wirklichkeit verständigt, die einfacher sind als diese Wirklichkeit. Anderenfalls

---

14 ESP, Extra Sensory Perception (außersinnliche Wahrnehmung). (A. d. Ü.)

könnte die Sprache nie als eine Art Kürzel zum Zweck der Kommunikation dienen. Angenehm berührt von diesem Schimmer von Einsicht in das Verhältnis zwischen Sprache und Welt, wurden Snows Gedanken gestört, als Simmons an der Tür erschien und sich erkundigte, ob er den Hauptgang auftragen könne.

»Simmons scheint zum Servieren bereit. Vielleicht ist dies deshalb ein guter Zeitpunkt, die Diskussion für einen Moment zu unterbrechen und eine kurze Pause vor dem Hauptgang einzulegen«, schlug Snow der Gruppe vor.

»Wohl wahr«, erwiderte Schrödinger. »Turing hat uns mit seinem Imitationsspiel erneut etwas zu denken gegeben, denn es scheint in einem direkten Zusammenhang mit dem uns vorhin von Wittgenstein vorgetragenen Problem hinsichtlich der Beziehung zwischen Denken und Sprache zu stehen. Vielleicht könnten wir uns noch ein bißchen tiefer auf diese Angelegenheit und ihre Beziehung zum Problem der denkenden Maschine einlassen. Wenn wir den von Turing vorgeschlagenen Test anwenden, um zu bestimmen, ob eine Maschine tatsächlich denkt oder nicht, so läßt sich, zumindest in meinen Augen, nicht vermeiden, daß wir uns über die Rolle der Sprache für das Denken verständigen.«

Haldane setzte hinzu: »Nach meinem Verständnis basiert Turings Imitationsspiel einzig und allein auf einem sprachlichen Austausch zwischen dem menschlichen Fragesteller und dem, was sich auf der anderen Seite der Wand befindet. Das setzt unzweifelhaft voraus, daß jeder Typ einer denkenden Maschine, um als intelligent angesehen zu werden, mindestens über menschliche Sprachfähigkeiten verfügen müßte. Wittgenstein sagt uns jedoch, daß solche Fähigkeiten nur aus einer gemeinsamen Lebensform entstehen können, und zwar einer, die Maschinen allem Anschein nach ausschließt. Hier liegt offenbar ein direkter Widerspruch zu der Vorstellung von einer wie ein Mensch denkenden Maschine vor. Ich für meinen Teil würde gern mehr zu diesem Punkt hören, um zu sehen, ob wir nicht irgendeinen Ausweg aus diesem Dilemma finden können.«

# *Kapitel Vier: Fleisch*

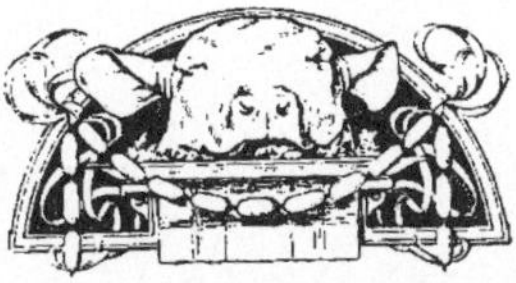

## BEDEUTUNGEN UND MASCHINEN

Während Simmons geschäftig um den Tisch eilte, Silber und Suppenteller wegräumte und neues Besteck für den Fleischgang eindeckte, verschwand Wittgenstein auf die Toilette, und Turing schlenderte in den Salon hinüber, um einen kurzen Blick aus dem Fenster auf den nachlassenden Sturm zu werfen. Da die beiden Antagonisten somit ein Weilchen nicht am Tisch waren, ergriff Snow die Gelegenheit, Haldane und Schrödinger nach ihrer Meinung zu den bislang vorgebrachten Argumenten zu fragen.

»Turings Auffassung vom Gehirn ist scheinbar die von einer Art Maschine, die Symbole verarbeitet«, sagte Snow, »und in der Reihen von Nullen und Einsen auf einem langen Band irgendwie dazu kommen, in Wirklichkeit so unterschiedliche Dinge wie eine Tasse Tee oder eine Reise nach China zu bedeuten. Deshalb würde ich gerne …«

»Was mich verwirrt«, unterbrach ihn Haldane mit erhobener Stimme, »ist, daß dies buchstäblich bedeutungslose Zeichen sind. Turing hätte genausogut Punkte und Kreuze oder Sternchen und Quadrate oder sogar Farben wie Schwarz und Weiß als Markierungen auf seinem Band verwenden können. Wie kann er glauben, daß seine Maschine diese Zeichen jemals als etwas von Bedeutung verstehen kann? Wie können diese abstrakten Zeichenfolgen wirklich irgend etwas *bedeuten?*«

Da Wittgenstein und Turing ins Zimmer zurückkehrten, legte Schrödinger die Frage der ganzen Tischrunde vor. »Während Sie fort waren, haben wir darüber gerätselt, wie diese Rechenmaschine, die ja nur dazu imstande zu sein scheint, die Muster von Nullen und Einsen auf dem Band neu zu ordnen, je zu einem *Verständnis* dessen gelangen kann, wofür diese Muster tatsächlich stehen. Auf welche Weise denkende Wesen wie wir, die sich außerhalb der Maschine befinden, mit diesen Mustern Bedeutungen verknüpfen, ist ja leicht zu erkennen. Wie aber kann eine Rechenmaschine wie die Turingsche je zu einem solchen Verstehen gelangen, wenn sie immer nur Nullen und Einsen auf ihrem Band verschiebt. Das ist die Frage, an der wir herumrätseln.«

Bevor Turing auf dieses Rätsel antworten konnte, kam Simmons, einen Stapel sauberer Teller in den Händen, zurück ins Zimmer und machte sich daran, von einem dicken, saftigen Roastbeef großzügig bemessene Scheiben abzuschneiden und sie auf die Teller zu legen, dazu Bratkartoffeln und grüne Bohnen. In die durch diese kulinarischen Verrichtungen entstandene Gesprächspause brach Wittgenstein mit einem Angriff auf die Angemessenheit von Turings Test für maschinelle Intelligenz ein.

»Turing hat uns gesagt, daß seine Maschine, um als ›intelligent‹ betrachtet zu werden, nur dazu imstande sein müsse, uns zu der Meinung zu verleiten, sie sei menschlich, indem sie Reaktionen zeigt, die sich von denjenigen, die wir von einem Mitmenschen erwarten würden, nicht unterscheiden lassen. Wenn wir also wirklich keinen Unterschied zwischen den Reaktionen der Maschine und denen eines Menschen erkennen könnten, dann sei entweder die Maschine intelligent oder der Mensch sei es nicht. Hab ich recht, Turing?«

»Ja, das ist eine zutreffende Zusammenfassung meines Arguments für das Imitationsspiel als Test für das Vorhandensein von Intelligenz«, erwiderte Turing.

»Also gut«, sagte Wittgenstein, »dann lassen Sie uns eine andere Art Spiel betrachten. Auch dieses verwendet übrigens genau denselben abgeschlossenen Raum und dasselbe Kommunikationsschema wie dieses Imitationsspiel.« Wittgenstein schob seinen Teller fort und entwarf das folgende Szenario, während Snow Simmons signalisierte, die Gläser mit dem herzhaften Burgunder zu füllen, der in seinen Augen die perfekte Ergänzung zu den saftigen Roastbeefscheiben auf ihren Tellern war.

»Angenommen, wir setzen Snow in Turings abgeschlossenen Raum«, fuhr Wittgenstein fort. »In diesem Raum befindet sich der Fernschreiber sowie ein großes Buch, das zwei Reihen Hieroglyphen enthält. Nun nehmen wir Schrödinger, einen Mann, der sich mit derlei Mysterien auskennt, und bitten ihn, in Hieroglyphenschrift Ausdrücke in die Tastatur seines Fernschreibers zu tippen. Vielleicht tut uns Schrödinger den Gefallen und schreibt jetzt mal auf Turings Notizblock einen solchen Ausdruck.«

Schrödinger warf rasch eine Auswahl hieroglyphischer Symbole aufs Papier:

Wittgenstein fuhr fort: »Wenn nun Snow diese Aussage auf dem Fernschreiber sieht, öffnet er das Buch und sucht in der linken Spalte nach Schrödingers Symbolreihe. Wenn er sie gefunden hat, tippt er die entsprechende Symbolreihe aus der rechten Spalte ein. Diese entsprechende Symbolreihe könnte folgendermaßen aussehen:

Was wir hier vor uns haben, ist ein schriftlicher Austausch zwischen Snow und Schrödinger von genau der Art, von der uns Turing glauben machen will, er mache den Kern der Intelligenz aus, und dies ist die Basis seines Imitationsspiels. Nach mehreren derartigen ›Schriftwechseln‹ hat Schrödinger keinen Grund zu der Annahme, daß am anderen Ende des Fernschreibers jemand anderes als ein gewiefter Ägyptologe sitzen könnte, weil er in den Antworten aus dem abgeschlossenen Raum sofort vernünftige Erwiderungen in Hieroglyphenschrift auf die Ausdrücke erkennt, die er außerhalb des Raumes eingetippt hat. In Wirklichkeit befindet sich aber keineswegs ein Ägyptologe in diesem Raum. Es ist nur Snow, der wie ein Wilder Symbolreihen eintippt, die für ihn völlig sinnlos sind und mit denen er auf eine andere, ebenso sinnlose Symbolreihe antwortet, die ihm auf dem Fernschreiber präsentiert wird.«

Haldane blickte von seinem Teller auf und erkundigte sich, ob Wittgenstein behaupten wolle, daß

Snows Aktivitäten innerhalb des »Hieroglyphenraums« dasselbe seien, was der Lesekopf in einer Turing-Maschine macht, wenn er sich vorwärts und rückwärts bewegt und Symbole auf dem Band liest oder schreibt.

»Genau das«, gab Wittgenstein mit geradezu missionarischem Eifer zurück. »Es besteht absolut kein Unterschied zwischen dem, was Snow innerhalb des Raumes tut, wenn er die Symbole auf dem Fernschreiber liest, im Lexikon nachschlägt und eine Antwort auf das Band schreibt, und dem, was die Turing-Maschine tut, wenn sie ein Zeichen auf ihrem Band liest, ihr Programm befragt und dann ein neues Symbol auf das Band schreibt.«

Darauf stellte Snow die Frage: »Es geht jetzt also darum, daß, wenn ich nicht *verstehe,* was diese Symbole bedeuten, auch die Turing-Maschine die Symbole auf ihrem Band nicht verstehen kann. Ist es das, was Sie damit sagen wollen?«

»Ja, das ist es«, antwortete Wittgenstein mit einigem Nachdruck. »Und wenn es kein Verstehen gibt, kann es auch kein Denken geben. Weder Snow noch die Maschine denken, weil keiner von ihnen imstande ist, wirklich zu *verstehen,* wofür die Zeichenfolgen, die sie bearbeiten, stehen. Deshalb frage ich Sie nun, wo ist hier die Semantik – sei es im Raum oder in der Maschine? Die Antwort lautet, daß sie nirgends ist; keine noch so große syntaktische Symbolverschieberei vermag je Semantisches zu erzeugen. Und da es sich bei allem, wozu Turing und seine Maschine imstande sind, um *syntaktische* Symbolmanipulation handelt, kann es in einer derartigen Maschine zu keinem Denken kommen.«

»Lassen Sie mich sehen, ob ich den springenden Punkt dieser Geschichte mit dem Hieroglyphenraum begriffen habe«, sagte Haldane. »Wittgenstein scheint auf zwei fundamentale Gesichtspunkte abzuheben. Der erste ist, daß aus Schrödingers Perspektive, also aus der Perspektive eines *außerhalb* des Raumes befindlichen Beobachters, der Partner – wer oder was es sein mag – innerhalb des Raumes den durch Turings Imitationsspiel spezifizierten Test auf intelligentes Verhalten besteht, weil er vernünftige Antworten auf von außen gestellte Fragen gibt und weil diese Antworten sich von denjenigen, die wir von einem intelligenten menschlichen Ägyptologen erwarten würden, nicht zu unterscheiden sind. Wittgensteins zweiter Punkt aber geht dahin, daß aus Snows Sicht, der *innerhalb* des Raumes sitzt, von Verstehen überhaupt keine Rede sein kann; folglich gibt es da auch kein Denken, weil kein noch so umfangreiches syntaktisches Verschieben von Symbolen Snow je befähigen wird zu wissen, was die Zeichenfolge tatsächlich *bedeutet.*«

»Ich glaube nicht, daß Sie so unbekümmert die enormen Schwierigkeiten ignorieren dürfen, die mit dem ›simplen‹ Akt des Nachschlagens all der entsprechenden Symbole im Hieroglyphenlexikon verbunden sind«, warf Snow ein.

»In der Tat«, fügte Haldane hinzu. »Selbst wenn man die physischen Zwänge der Größe eines solchen Lexikons bewältigen könnte, gibt es noch ein weiteres Problem mit Turings ›Außentest‹ auf Intelligenz.«

»Und das wäre?« erkundigte sich Turing spitz.

»Nun«, fuhr Haldane fort, »angenommen, Sie zeichneten in einer Art Baumstruktur jedes mögliche Gespräch von, sagen wir, einer Stunde Dauer auf.

Wenn die Maschine nun dieser Baumstruktur folgte, könnte sie mit dem Fragesteller in einer Weise kommunizieren, die sich von der Kommunikation mit einem intelligenten Menschen nicht unterscheiden ließe. Die Maschine würde sich dabei allerdings einfach Zweig für Zweig durch diesen Baum hindurcharbeiten. Dies legt nahe, daß die Maschine keinerlei Geisteszustände hat.«

»Der Fehler an der Baumstruktur und folglich auch an Turings Test steckt also nicht in dem Verhalten, das dabei entsteht, sondern in der *Weise*, in der dies geschieht?« fragte Snow.

»Genau«, erwiderte Haldane. »Wenn man ein Verhalten intelligent nennt, ist dies meiner Meinung nach eine Aussage darüber, wie dieses Verhalten zustande kommt.«

Schrödinger sorgte daraufhin für einige Aufregung, als er feststellte: »Ich möchte noch einmal auf Wittgensteins aus der Sicht der Ersten Person formuliertes Argument gegen das Vohandensein kognitiver Zustände in der Maschine zurückkommen. Diese Argumentationslinie kommt mir so ähnlich vor, als ob ich behauptete, wenn ich einer Fliege die Beine ausrisse, hätte ich sie damit taub gemacht. Und warum auch nicht? Schließlich springt sie nicht mehr auf, wenn ich in die Hände klatsche.«

»Was meinen Sie damit?« fragte Snow.

»Nun, Wittgensteins Argument scheint, oberflächlich betrachtet, eine gewisse Schlüssigkeit zu besitzen. Kratzt man aber etwas an der Oberfläche, wird man meiner Ansicht nach entdecken, daß es auf sehr wackligen logischen Fundamenten steht«, gab Schrödinger zurück.

Bevor Schrödinger fortfahren konnte, legte Turing, der während dieses Gesprächs über seinen Vorschlag zur Bestimmung von Intelligenz merkwürdig schweigsam geblieben war, mit einem Klappern seine Gabel aus der Hand, schob seinen Teller beiseite und stieg wieder in die Diskussion ein.

»Wittgensteins Position wäre mir klarer, wenn ich seinen Gedankengang in rein axiomatische Begriffe umformulieren würde.« Er holte sich von der anderen Seite des Tisches seinen Notizblock und begann damit, rasch die drei zentralen Annahmen Wittgensteins und die sich daraus ergebende logische Schlußfolgerung hinzuschreiben.

DAS ARGUMENT VOM HIEROGLYPHENRAUM

| | |
|---|---|
| Axiom 1: | Programme sind rein syntaktische Objekte. |
| Axiom 2: | Menschliches Denken weist semantische Inhalte auf. |
| Axiom 3: | Auch die größtmögliche Menge an Syntax kann keine Semantik erzeugen. |
| Schlußfolgerung: | Programme sind für Gehirne weder notwendig noch hinreichend. |

»So verführerisch dieses Argument auch erscheint«, fuhr Turing fort, »bin ich doch Schrödingers Meinung. Wittgenstein hat es fertiggebracht, in die Axiome einige versteckte Annahmen einzuschmuggeln, die erheblichen Zweifel an seiner Schlußfolgerung aufkommen lassen.«

»Beispielsweise?« stieß Wittgenstein in seinem typisch streitlustigen Tonfall hervor.

»In meinen Augen lenkt Ihr Argument die Aufmerksamkeit auf das falsche System, Wittgenstein. Sie sprechen davon, daß sich Snow im Hieroglyphenraum befindet und dort auf seinem Fernschreiber Reihen mysteriöser Symbole empfängt und sendet. Da seine Geisteszustände innerhalb des Raumes eindeutig kein Verständnis der Hieroglyphen aufweisen, so argumentieren Sie weiter, gebe es folglich in der gesamten Situation keinerlei Rechnerzustände, die semantisch mit dem Austausch zwischen Schrödinger außerhalb und Snow innerhalb des Raumes verknüpft wären.«

»Genau das behaupte ich«, erwiderte Wittgenstein und fuchtelte dabei drohend mit Messer und Gabel in Turings Richtung. »Nirgendwo in dieser ganzen Situation ist Bedeutung zu finden.«

»Ich erlaube mir, anderer Meinung zu sein«, brachte Turing vor. »Es *gibt* eben doch solche Rechnerzustände; es sind die Zustände des gesamten Raumes. Es genügt einfach nicht, Ihr Argument allein auf die Zustände von Snows Gehirn auszurichten, da er nur ein *Teil* des Hieroglyphenraumes ist. Es wäre so, als ob man nur den Lesekopf der Rechenmaschine beachtete und das Band völlig ignorierte. Faßt man aber den Raum selbst als ein komplettes System auf, dann besitzt dieses System sehr wohl Zustände mit semantischem Gehalt.«

Wittgenstein starrte quer über den Tisch auf Turing und fragte: »Und was genau sind diese Zustände?«

»Gestatten Sie mir, es zu erklären.«

So wie die Rechenmaschine aus dem Lesekopf, dem Programm und dem Band bestehe, fuhr Turing fort, bestehe der Raum aus dem Fernschreiber, dem Lexikon und Snow. Man müsse also in beiden Fällen die

Zustände des *Gesamtsystems* in Betracht ziehen und nicht einfach nur die eines Teils des Systems.

Haldane unterbrach Turings Erläuterung mit einer Frage: »Sie sagen, das relevante System sei Snow plus das Buch plus der Fernschreiber plus die Wand zwischen all dem und Schrödinger. Hab ich recht?«

»Blanker Unsinn«, wandte Wittgenstein ein. »Diese physischen Begleitumstände haben mit meinem Gesichtspunkt nichts zu tun. An meinem Argument ändert sich nicht das geringste, wenn wir den Raum wegnehmen und Snow einfach nur das Lexikon hieroglyphischer Antworten auf jedes beliebige Inputangebot auswendig lernen lassen.«

Snow schoß der Gedanke durch den Kopf, wie er das wohl tun könne, ohne dabei nebenher gleich die Hieroglyphenschrift zu lernen. Schließlich, dachte er, verfüge ich nur über einen einzigen Satz von Wahrnehmungs- und motorischen Systemen. Mit der Zeit sollte es mir doch wohl gelingen, zwischen den Symbolen, die durch meine Sinnesorgane zu mir gelangen, und den von mir zurückgesandten »korrekten« Symbolen die richtigen Zusammenhänge herzustellen. Fast so, als hätte er diesen Gedankengang in Snows Kopf gelesen, antwortete Wittgenstein auf diesen Einwand.

»Und falls Sie denken, daß Snow beim Auswendiglernen des Lexikons irgendwie die Hieroglyphensprache gleich mitlernen müßte – dem ist nicht so. Wir könnten uns beispielsweise genausogut vorstellen, daß er ein anderes, völlig separates kognitives System entwickelt. Dieses System hat den Effekt, innerhalb seines Körpers eine andere Person zu schaffen, eine Person, die dem Snow, den wir hier bei uns am Tisch sitzen haben, unzugänglich ist. Dies führt zu einer

Vielzahl von Systemen, die sich miteinander einen einzigen Körper teilen – jedes mit seiner eigenen Semantik.«

Während dieses Wortwechsels polierte Schrödinger geistesabwesend mit der Serviette seine Brillengläser und sinnierte über die Schlüssigkeit von Wittgensteins Gedankenexperiment. Dabei versuchte er, die diversen Stränge des Arguments auf ihre logische Stimmigkeit hin auseinanderzunehmen. Insgesamt erschien ihm diese Gedankenfolge ohne eigentlichen Zusammenhang – aber er wußte nicht recht, wo *genau* der Fehler steckte. Während die anderen mit der Debatte beschäftigt waren, ob der Hieroglyphenraum in seiner Gesamtheit wirklich Hieroglyphen verstand oder nicht, bastelte Schrödinger deshalb eine Analogie aus der Physik zusammen, welche, wie er hoffte, die Logik, die Wittgensteins Argument mit dem Hieroglyphenraum zugrunde lag, klären würde.

»Angenommen«, so Schrödinger, »wir schauen uns eine physikalische Eigenschaft wie Lumineszenz an, statt das schwer greifbare Merkmal ›Bedeutung‹ zu betrachten. Lassen Sie uns mal versuchen, Wittgensteins Argumente im Kontext der Physik des Lichts nachzuvollziehen, und sehen, was dabei herauskommt.«

Er lieh sich Turings Notizblock aus und fuhr fort: »Nehmen wir uns Turings axiomatische Formulierung des Hieroglyphenraums vor und übertragen wir sie auf etwas, was wir einen Leuchtraum nennen könnten. Wir kommen dann am Ende zu einer Gedankenfolge, wie ich sie auf diesem Blatt skizziert habe. Es wird Ihnen nicht schwerfallen, die Entsprechung zwischen diesem Argument und demjenigen, das Wittgenstein gerade eben mit seinem Hieroglyphenraum vorgetragen hat, zu erkennen.«

DAS LEUCHTRAUM-ARGUMENT

| | |
|---|---|
| Axiom 1: | Elektrizität und Magnetismus sind Kräfte. |
| Axiom 2: | Die wesentliche Eigenschaft von Licht ist Leuchtkraft. |
| Axiom 3: | Kräfte sind für sich genommen weder konstitutiv noch hinreichend für Licht. |
| Schlußfolgerung: | Elektrizität und Magnetismus sind weder konstitutiv noch hinreichend für Licht. |

»Wenn jemand wie Wittgenstein dieses Argument im letzten Jahrhundert vorgebracht hätte, kurz nach Clerk Maxwells Idee, Licht und elektromagnetische Wellen seien ein und dasselbe, hätte der Leuchtraum durchaus als ein anscheinend wasserdichter Einwand gegen Maxwells Behauptung dienen können. Aber man wäre damit im Irrtum gewesen«, schloß Schrödinger.

»Ja, ich verstehe, was Sie meinen«, sagte Snow, dem langsam ein Licht aufging. »Wenn ein Mann in einem dunklen Raum einen Magneten auf und ab bewegt, dann, so behauptet Maxwells Theorie, erzeugt dies einen sich ausbreitenden Kreis elektromagnetischer Wellen. Somit werde der Raum luminös. Wir alle aber ›wissen‹ vom Spielen mit Magneten, daß keinerlei Leuchten entsteht, wenn wir mit einem Magneten vor uns herumwedeln. Es erscheint unvorstellbar, daß man *echte* Lumineszenz erzeugen kann, indem man einfach nur magnetische Kräfte herumbewegt. In Wirklichkeit geschieht aber genau dies.«

Hier lag also der springende Punkt von Schrödingers Gedankenexperiment. Was würde Maxwell auf diese Anfechtung seiner Theorie geantwortet haben, derzufolge es sich bei Elektromagnetismus und Licht um *exakt* dasselbe Phänomen handelt?

Sofort machte sich Turing zum Anwalt von Maxwells Theorie und stellte fest: »Eine Möglichkeit, wie Maxwell Schrödingers Argument entgegentreten könnte, wäre, darauf zu bestehen, daß das Leuchtraum-Experiment das Phänomen der Lumineszenz nicht wirklich veranschaulicht, da die Oszillationsfrequenz des Magneten viel zu niedrig sei. Folglich entstünden dabei Energiewellen, deren Oszillationsrate zu langsam wäre, um durch das menschliche Sehsystem wahrgenommen zu werden.«

Schrödinger wehrte diese Attacke mit der Bemerkung ab: »Wie schnell sich der Magnet bewegt, hat mit der Sache nichts zu tun. Nach Maxwells Theorie verfügt der Raum mit dem bewegten Magneten über alles Wesentliche zur Erzeugung von Licht. Sie können den Leuchtraum folglich nicht damit abschmettern, daß sie einfach nur sagen, der Magnet bewege sich zu langsam.«

»Aber die Biologie unseres spezifischen menschlichen Nervensystems sollte doch hier auch irgendwo in Betracht gezogen werden«, warf Turing ein. »Maxwell könnte beispielsweise behaupten, daß der Raum tatsächlich erleuchtet ist, aber mit einer Strahlungsfrequenz, die zu niedrig ist und einen zu geringen Intensitätsgrad hat, um vom menschlichen Sehsystem entdeckt zu werden. Wahrscheinlich hätte diese Antwort zu Maxwells Zeiten – in den sechziger Jahren des 19. Jahrhunderts – einen Sturm des Gelächters hervorgerufen und von Witzen, daß der Raum doch stockfinster sei. Aber heutzutage wissen wir natürlich alle, daß Maxwell völlig recht hatte. Und das ist der Punkt bei diesem Leuchtraum-Argument. Lassen Sie uns einen Moment lang überlegen, was uns dieses Gedankenexperiment wirklich sagt.

Zunächst einmal«, fuhr Turing fort, »ist das Axiom, wonach Kräfte zur Erzeugung von Licht nicht ausreichen, trotz seiner intuitiven Plausibilität völlig falsch. Zweitens sagt uns der Leuchtraum rein gar nichts über das Wesen des Lichts. Und schließlich braucht man zur Klärung der Frage, ob ein Raum beleuchtet ist oder nicht, ein Forschungsprogramm, das sich mit den Bedingungen beschäftigt, unter denen das Verhalten elektromagnetischer Wellen tatsächlich Lumineszenz erzeugt. Obwohl Wittgensteins Hieroglyphenraum uns als ›semantisch dunkel‹ vorkommt, ist es schlechterdings unmöglich, aufgrund dieses Eindrucks die These zu rechtfertigen, daß aus der Manipulation von Symbolen niemals wirkliche Bedeutung hervorgehen kann.«

Haldane, der gerade eine Fuhrmannsportion Fleisch und Kartoffeln verputzt hatte, war damit bestens gerüstet, wieder in die Diskussion einzusteigen. »Ich habe den Eindruck«, sagte er, »daß dieses ganze Gerede über das Aneinanderreihen von Symbolen und darüber, ob diese Symbolfolgen etwas bedeuten oder nicht, am Eigentlichen des menschlichen Denkens vorbeigeht.«

»Inwiefern?« fragte Snow.

»In meinen Augen gehört zum Denken sehr viel

mehr als das bloße Berechnen der richtigen Funktionen. Denken verlangt die Fähigkeit, die Umwelt wahrzunehmen und sich in dieser Welt zu bewegen. Das Problem mit Turings Maschine ist, daß sie einfach nur dasteht.«

»Wollen Sie damit sagen, daß wir in dem Moment, wo wir Turings Maschine in einen ›mechanischen Menschen‹ mit künstlichem Sensorium steckten, sozusagen in eine Art ›Roboter‹, daß wir dann etwas hätten, das auf eine Weise denkt, die sich fundamental von der eines körperlosen Gehirns unterscheidet?« fragte Schrödinger einigermaßen ungläubig.

»Vielleicht«, entgegnete Haldane. »Ein solcher Roboter käme meiner Vorstellung von einem denkenden Objekt sehr viel näher als eine Maschine, die einfach nur dasteht und denkt, indem sie einen Satz Regeln befolgt.«

Turing sprang Haldane bei, indem er seinem Argument zugunsten einer denkenden Maschine eine neue Wendung verlieh: »Ein positiver Grund für die Annahme, daß es möglich ist, eine denkende Maschine herzustellen, liegt, wie ich bereits sagte, in der Tatsache, daß es möglich ist, Maschinen zu bauen, die jedweden kleinen Teil eines Menschen imitieren.«

»Wie die Verwendung eines Mikrophons, um ein Ohr zu imitieren, oder einer Kamera, die dieselbe Funktion wie ein Auge erfüllt«, sagte Snow, der sich an Turings frühere Vergleiche erinnerte.

»Genau«, erwiderte Turing und kam in Fahrt. »Was das Denken anbetrifft, interessiert uns in erster Linie das Nervensystem. Und es scheint, als gäbe es kein besonderes Hindernis für den Bau einer kompletten elektronischen Simulation des gesamten Nervensystems. Eine Möglichkeit, den Bau einer denkenden Maschine anzugehen, wäre somit, einen Menschen als Ganzes zu nehmen und zu versuchen, alle seine Bestandteile, einen nach dem anderen, durch Maschinerie zu ersetzen.«

»Das wäre ein enormes Unterfangen«, bemerkte Schrödinger mit einem gewissen Mißtrauen. »Dazu müßte man Fernsehkameras, Mikrophone, Lautsprecher, Räder und alle möglichen Servomechanismen zur Steuerung dieser Geräte einbauen, ganz zu schweigen von einem elektronischen ›Gehirn‹, um alles zu koordinieren.«

Wittgenstein warf einen leicht verschlagenen Blick auf Turing, während er ihn fragte: »Wollen Sie im Ernst behaupten, daß ein solches Gerät, in die Landschaft ausgesetzt, so als würde Frankensteins Monster losgelassen, imstande wäre, aus sich selbst heraus zu lernen und somit ›intelligent‹ zu werden? Gestatten Sie mir, noch einmal den entscheidenden Punkt zu betonen, daß so eine im wahrsten Sinne des Wortes unglaubliche Maschine immer noch keine Beziehung zu etlichen Dingen hätte, die für Menschen von Interesse sind. Es ist absurd, sich vorzustellen, daß die Art ›Intelligenz‹, die solch ein neumodischer mechanischer Apparat erlangte, in irgendeiner Weise derjenigen ähnlich wäre, über die ein Mensch verfügt.«

»Zugestanden«, sagte Turing. »Ich schlage vor, einmal zu überlegen, was sich mit einem ›Gehirn‹ machen läßt, das mehr oder weniger körperlos und bestenfalls mit Organen zum Sehen, Sprechen und Hören ausgestattet ist. Selbstverständlich müssen wir bei derartigen Einschränkungen des sensorischen Inputs geeignete Denkbereiche finden, in denen die

Maschine ihre Fähigkeiten ausüben kann. Am geeignetsten erscheinen mir Spiele wie Schach und Dame sowie andere im Kern linguistische Aufgaben wie das Übersetzen in eine andere Sprache, die Kryptographie und Mathematik. Wir haben vorhin über McCullochs und Pitts' Arbeiten über die Schaffung künstlicher neuronaler Netze gesprochen, die das Schaltsystem des Gehirns mittels elektronischer Komponenten statt ›feuchter‹ Neuronen nachahmen. Dies ist die Art von elektronischem Gehirn, die ich im Sinn habe.«

Snow, der versuchen wollte, dem Fluß des Turingschen Wissensstroms über mechanisches Denken Einhalt zu gebieten, begann die Wassergläser aufzufüllen. Dabei bemühte er sich, in die allgemeinen Beziehungen zwischen Sinnesorganen und Denken mehr Klarheit zu bringen. »Wenn ich Haldanes Gesichtspunkt richtig verstehe, so sagt er, daß zur Wahrnehmung von etwas wie diesem Wasserkrug mehr nötig sei, als einfach nur eine Funktion auszuführen; irgendwie gilt es, mit dem Krug zu *interagieren.* Unser visuelles System beispielsweise – Linse, Netzhaut, Sehnerv etc. – muß das vom Wasserkrug reflektierte Licht verarbeiten, unser motorisches System muß ihn handhaben, um das Wasserglas zu füllen, und so weiter. Wenn eine Maschine das leisten könnte, würde sie notwendigerweise wissen, was diese visuellen Signale *bedeuten.* Ist es das, worauf Sie hinauswollen, Haldane?«

»Das ist im Grunde der wesentliche Punkt«, gab Haldane zurück.

»Nun, dem kann ich überhaupt nicht zustimmen«, sagte Turing mit einem Ton, als wäre das sein letztes Wort dazu. »Zunächst einmal stimmt es nicht, daß ein Rechner einfach nur dasteht. Täte er das, könnten wir nicht mit ihm interagieren, indem wir ihn mit Programmen versorgen, ihm Daten eingeben und von ihm ein Output bekommen. Sie können also nicht behaupten, daß Rechner nicht denken, und gleichzeitig dabei bleiben, daß Berechnung plus Interaktion zum Denken ausreichen, denn wir verfügen ja bereits über Interaktion mit Rechenmaschinen.«

Daraufhin bemerkte Schrödinger: »Um seine Auffassung zu rechtfertigen, daß zwar ein Roboter denken könnte, nicht aber eine Maschine, müßte Haldane also zeigen, weshalb diese Standardformen der Interaktion mit der Maschine nicht die ›richtige Art‹ Interaktionen sind. Darüber hinaus hätte er zu zeigen, welches denn die richtigen Interaktionsweisen wären.«

»Genau mein Punkt«, erwiderte Turing.

»Nun denn, Haldane, was sind nach Ihrer Meinung die richtigen Interaktionsweisen?« fragte Snow.

Haldane antwortete darauf. »Angenommen, die vom menschlichen Auge empfangenen sensorischen Inputs würden vom visuellen System als *analoge* Signale und nicht als digitale verarbeitet. Dann würden die Signale dem Gehirn als reelle Zahlen mit beliebiger Genauigkeit übermittelt und nicht als ganze Zahlen mit endlicher Genauigkeit, die das einzige sind, was ein Digitalprozessor wie Turings Maschine produzieren kann. In diesem Falle würde das Gehirn im wesentlichen nahezu nicht berechenbare Größen verwenden, Größen, die durch das Befolgen einer Befehlskette auf einer digitalen Maschine niemals zu erhalten wären.«

»Wollen Sie damit andeuten, die einzige Möglichkeit für das visuelle System, sich die passenden Informationen aus der Umwelt zu beschaffen, sei die Verwendung von beliebig genauer Informationsverarbeitung? Falls ja, möchte ich Sie an die Physik dieser Situation erinnern«, sagte Schrödinger mit einigem Nachdruck. »Selbst sogenannte analoge Signale der Art, an die Sie denken, sind nicht nur dem Rauschen aus ihrer Umwelt unterworfen, sondern auch Meßfehlern, die die Präzision ihrer Meßbarkeit einschränken. Insofern stimmt einfach nicht, daß man mit diesen Mitteln reelle Zahlen von beliebiger Genauigkeit weiterleiten könnte. Das, wovon Sie sprechen, ist eine mathematische Idealisierung, eine physikalische Fiktion. Wissen Sie …«

»Einmal ganz abgesehen von dieser physikalischen Einschränkung, meinen Sie damit, daß das Denken eine entscheidende Komponente aufweist, die sich durch eine Maschine wie die Turingsche letztlich nicht berechnen läßt?« erkundigte sich Wittgenstein und unterbrach damit Schrödingers Einwand durch einen seiner eigenen.

Ehe Haldane auf diese Fragen antworten konnte, begann Snow wie wild an sein Wasserglas zu klopfen, um die Aufmerksamkeit der Kombattanten in dieser zunehmend hitzigen und spekulativen Debatte auf sich zu ziehen, die ihm ins Esoterische abzudriften schien. Er fand es an der Zeit, die Gedanken und widersprüchlichen Auffassungen, die während der vergangenen guten halben Stunde um den Tisch gekreist waren, zusammenzufassen und das Gespräch wieder in irdische Gefilde zurückzuholen.

»Mal sehen, ob ich die Thesen und Gegenthesen zusammenbringen kann, die an diesem Abend ausgetauscht worden sind. Turing machte den Anfang, indem er uns sein Imitationsspiel als eine Möglichkeit zur Identifizierung intelligenten Verhaltens – bei Menschen und Maschinen – anbot. Das ist eine Art von Test aus der Perspektive eines Dritten, ganz nach dem Geschmack der behavioristischen Tradition in der Psychologie. Ihnen allen ist sicher bewußt, daß diese Tradition ihre Aufmerksamkeit ganz auf das äußere Verhalten des Testobjekts in seinen Reaktionen auf sensorische Reize richtet. Turings Argument geht dahin, daß wir, wenn eine ausgedehnte Befragung der Maschine uns nicht erlaubt, die Antworten der Maschine von denen eines Menschen zu unterscheiden, von der Maschine sagen müssen, daß sie ›denkt‹. Ist dies eine faire Zusammenfassung des von Ihnen bezogenen Standpunkts, Turing?«

»Völlig einverstanden«, erwiderte Turing.

»Also gut«, fuhr Snow fort. »Daraufhin hat Wittgenstein ein Gegenargument aus der Innenperspektive vorgetragen, das er auf seinem ziemlich skurrilen, aber höchst lehrreichen Hieroglyphenraum aufbaute. Wir sollen uns die Arbeitsweise einer Rechenmaschine aus der *Innensicht* vorstellen, wenn sie entsprechend den in ihr Programm encodierten Befehlen die Zeichen auf dem Band von Stelle zu Stelle versetzt. Diesem Bild zufolge kann die Maschine unmöglich irgendein Verständnis dessen haben, was die Zeichen wirklich *bedeuten;* folglich ist ganz ausgeschlossen, daß sie denkt. Ist das der Angelpunkt Ihrer These, Wittgenstein?«

»In Wirklichkeit eine grobe Karikatur meiner Position und so gerade noch ausreichend für unsere Diskussion«, erwiderte der österreichische Philosoph, den Snows allzu starke Vereinfachung seines Gedankenexperiments ein bißchen wurmte. »Aber unserer Debatte zuliebe kann es dabei bleiben.«

Snow ließ dieses Gemecker unkommentiert und fuhr fort: »Nun kommen wir zu den Einwänden, die gegen den Hieroglyphenraum vorgebracht wurden; diese können wir, denke ich, nach dem Grundsatz, der Feind meines Feindes ist mein Freund, als Argumente betrachten, die alles in allem zugunsten von Turings Imitationsspiel sprechen. Erstens haben wir da Turings Behauptung, daß zwar mein Gehirn in diesem Raum für sich genommen keinerlei Berechnungszustände mit semantischem Gehalt aufweisen mag, der Raum in seiner Gesamtheit mit seinen Wänden, der Fernschreibverbindung, meinem Gehirn und dem Umwandlungslexikon jedoch unzweifelhaft über derartige Zustände verfügt. Wir könnten das die ›systemische‹ Antwort auf Wittgenstein nennen, da hiermit behauptet wird, daß das komplette System aus meinem Gehirn plus dem Umwandlungsbuch plus dem ganzen Rest des Raumes ein Objekt mit semantisch aufgeladenen Berechnungszuständen bildet.

Als nächstes hat Schrödinger den, wie er es nannte, Leuchtraum heraufbeschworen, um eine Analogie zu ziehen zwischen Lumineszenz, einer physikalischen Eigenschaft elektromagnetischer Strahlung, und Wittgensteins geistiger Eigenschaft eines Gehirns, nämlich Bedeutung. Wenn ich Schrödingers Überlegung richtig verstehe, lautet seine Schlußfolgerung, daß es uns schwerfällt zu glauben, daß die Kräfte von Elektrizität und Magnetismus tatsächlich dasselbe seien wie Licht. In Analogie dazu finden wir es deshalb ebenso schwierig, zu akzeptieren, daß einfach aus der Interaktion zwischen kruden Symbolen ein bedeutungsvoller Inhalt entstehen kann. Der Logik von Schrödingers Leuchtraum zufolge geschieht aber genau das.«

Schrödinger, der beim letzten Teil von Snows Zusammenfassung leicht zusammengezuckt war, machte seinen Standpunkt noch einmal klar. »Ich würde lieber sagen, daß ich kein logisches Hindernis dafür sehe, daß eine Maschine, die einfach nur Zeichenfolgen zu neuen, aus denselben Zeichen gebildeten Folgen verarbeitet, etwas Bedeutungshaltiges erzeugen kann. Ob *tatsächlich* aus derartigen Operationen Bedeutung entsteht – nun, das ist eine empirische Frage. Und die kann nur durch Beobachtung und Experiment geklärt werden.«

Nachdem er Schrödinger dankbar zugenickt hatte, weil er ihm geholfen hatte, sein Argument klarzustellen, blickte Snow zur Tür hinüber und sagte: »Bevor ich mit dieser Zusammenfassung fortfahre, sehe ich einen ungeduldig wartenden Simmons, der unsere Teller wegtragen und mit dem nächsten Gang beginnen möchte. Möchte sich einer von Ihnen noch eine Portion von diesem köstlichen Roastbeef genehmigen, bevor wir es seiner Fürsorge anvertrauen?«

»Ein absolut erstklassiger Braten, Snow«, bemerkte Haldane. »Ein Jammer, daß wir den nicht regelmäßiger bekommen. Aber ich habe bereits mehr als meinen Teil für eine Sitzung gehabt.«

Da die anderen Zustimmung murmelten, beauftragte Snow Simmons, die Teller abzuräumen, und fuhr mit seiner Zusammenfassung der Argumente pro und contra Imitationsspiel und Hieroglyphenraum fort.

Während Snow sprach, rutschte Turing auf seinem Stuhl hin und her, als wimmelte er von Flöhen. Außerstande, sich länger zu zügeln, brach es schließlich – mitten in Snows Erklärung – aus ihm heraus. »Ich widerspreche nachdrücklich Wittgensteins unbegründeter Behauptung, die Außensicht einer denkenden Maschine, wie sie in meinem Imitationsspiel vertreten wird, erfasse nicht das Eigentliche dessen, wie wir ein denkendes Wesen von einem nicht denkenden unterscheiden. Im Gegensatz zu Wittgenstein glaube ich, daß diese Außensicht die *einzig* gültige ist.«

»Vielleicht hätten Sie die Güte, uns aufzuklären, weshalb Sie weiterhin an dieser phantastischen Idee festhalten«, gab Wittgenstein in sonderbar ruhigem Tonfall zurück.

»In Ordnung«, sagte Turing. »Stellen Sie sich eine Großvateruhr vor wie jene, die da drüben an der Wand steht. Von außen betrachtet, zeigt uns diese Uhr die Zeit. Ich denke, wir sind uns alle einig, daß dies ihr hauptsächlicher Zweck ist.«

»Na klar, Uhren geben die Zeit an. Dafür sind sie da«, sagte Haldane. »Was aber hat die Zeitmessung mit dem Imitationsspiel zu tun?«

»Von innen gesehen, erfüllt die Uhr diese Funktion nicht mehr«, sagte Turing. »Wenn ich die Uhr auseinandernehme und alle ihre Einzelteile auf diesen Tisch lege, hört sie auf, ein Zeitnehmer zu sein. Ihre Fähigkeit, die Zeit anzugeben, hängt davon ab, daß ihre Teile zusammengesetzt sind und einwandfrei mit ihren Nachbarn interagieren. Die Fähigkeit der Uhr, die Zeit anzugeben – und unsere, dies zu erkennen –, hängt somit davon ab, daß wir uns *außerhalb* dieses Gefüges interagierender Einzelteile befinden. In diesem Sinne ist die Zeitmessung eine externe, holistische Funktion einer Uhr; sie läßt sich nicht wahrnehmen, wenn man sich innerhalb der Ansammlung von Getrieben, Rädchen, Federn und so weiter befindet. Es ist eine *Emergenz*-Eigenschaft dieser Einzelteile und ihrer Interaktion.«

Nun war Snow wieder an der Reihe: »Behaupten Sie, daß diese Situation für den Hieroglyphenraum gilt? Daß die Kompetenz des Raumes für Hieroglyphen dann zu sehen ist, wenn wir ihn von außen als ein komplettes Ganzes betrachten; daß er aber, wenn er ›auseinandergenommen‹ wird, diese Fähigkeit nicht mehr hat? Geht Ihre These dahin, daß das Verstehen von Hieroglyphen eine holistische Funktion des Raumes ist?«

»Genau das ist meine Auffassung. Ich bin mir sicher, daß ein Gehirn in dem Moment, wo Sie es chirurgisch in Scheiben schnitten, nur wenig Verständnisfähigkeit für irgend etwas aufwiese«, gab Turing zurück. »Und genausowenig tut es dieser Hieroglyphenraum, wenn Sie nur seine separaten Bestandteile betrachten.«

Schrödinger hatte sich vom Tisch zum Fenster begeben und schien in Gedanken verloren, während er auf den Sturm hinausstarrte, der nach einem kurzen Abflauen wieder an Stärke zuzunehmen schien. Nachdem er ein paar Augenblicke still nachgedacht hatte, kehrte er an den Tisch zurück und präsentierte der Gruppe eine neue Sicht des Problems innen/außen zwischen Turing und Wittgenstein: »Hindus und Buddhisten hängen dem Glauben an, daß alles letztlich Form ist«, sagte er ruhig. »Sie vertreten die Ansicht, daß es so etwas wie Inhalt oder Bedeutung nicht gibt. Was wir als Inhalt wahrnehmen, ist bloß die äußere Form einer anderen Schicht oder Ebene. Sie vergleichen das Ganze mit einer Zwiebel. Man pellt eine Schale ab, und darunter ist eine andere. Und wenn man *alle* Schalen abpellt, ist innendrin rein gar nichts. Folglich sehe ich, wie eben gesagt, kein logisches Hindernis für die Annahme, daß Bedeutung aus Symbolverarbeitung entsteht, und zwar aus dem sehr einfachen Grund, daß es so etwas wie Bedeutung womöglich gar nicht gibt.«

Snow, der bemerkte, daß das Streitgespräch erneut eine deutliche Wendung ins Philosophische nahm, unternahm den Versuch, die Sache wieder in die materielle und praktische Wirklichkeit zurückzuholen.

»All diese Argumente sind davon ausgegangen, daß die Rechenmaschine nur über eine gewissermaßen stilisierte Interaktionsmöglichkeit mit ihrer Umwelt verfügt. Die Umwelt, die aus dem Operator der Maschine besteht, setzt im Grunde Zeichen auf das Band. Daraufhin kommuniziert die Maschine mit ihrem Operator, indem sie irgendwelche andere Zeichen auf ihr Band schreibt. Haldane hat die Frage aufgeworfen, ob diese sehr eingeschränkte Art der Interaktion nicht zu reduziert ist, als daß es zu Denkvorgängen kommen könnte. Er meinte zu uns, daß vielleicht irgendeine Art Roboter mit sensorischen Apparaten wie Augen und Ohren zum Denken imstande sein könne, nicht aber ein Gegenstand wie eine Maschine, die einfach nur dasteht, ein passiver Klotz aus Glas, Metall und Keramik. Mit anderen Worten, sensorische Interaktion mit der Umwelt wie beim Menschen sei eine notwendige Bedingung dafür, daß ein Gegenstand denken kann.«

»Genau das«, ließ sich Haldane vernehmen. »Denken ist eine Kombination von Rechnen *und* Interaktion. Sensorische Inputs in das Gehirn *sind* wichtig.«

Turing ließ es sich nicht nehmen, hinzuzufügen: »Vielleicht hat Haldane recht damit. Was er aber nicht sagt, ist folgendes: Wenn diese stilisierten Interaktionen, die die Maschine gebraucht, um mit der Welt Kontakt aufzunehmen, für Intelligenz nicht ›die richtige Art‹ sind – welche sind es denn dann? Müssen wir die sensorische Ausstattung des Menschen *kopieren?* Ist es nötig, der Maschine einen Geschmacks-, Tast- und Geruchssinn zu geben? Oder reicht es, wenn sie nur sehen und hören kann? Und falls wir doch irgendwie eine Maschinenversion dieser fünf Sinne herstellen müssen, weshalb sollte uns der Gedanke verwehrt sein, daß es sich bei diesen menschlichen Sinnen nicht selbst wiederum um Rechenvorgänge handelt?«

Als nächstes trug Schrödinger folgende Idee vor: »Vielleicht müssen Sinnesorgane wie die Augen und Ohren Informationen über die Welt in eine spezielle, für das Gehirn brauchbare Form umwandeln. Falls dem so ist, halte ich es für möglich, daß dieser Transformationsprozeß die Art von Berechnung übertreffen könnte, die Turings Maschine zu leisten vermag.«

»Falls das so wäre,«, sagte Snow, »befänden wir uns in einer Situation, in der Denken sensorische Inputs erfordert, die ihrerseits nicht als Folge einer Regelverarbeitung, will sagen, von Rechenvorgängen jedweder Art, zu erhalten sind. Das würde fraglos schon den Gedanken an eine denkende Maschine von vornherein ausschließen. Aber es ist viel verlangt, eine dieser Hypothesen zu akzeptieren, geschweige denn beide zusammen.«

»Komisch, daß sich das Entscheidende am Denken *als genau* diejenige Information herausstellen sollte, die wir als Wissenschaftler mit unseren Instrumenten nicht messen können«, bemerkte Schrödinger trocken. »Ich gebe zwar zu, daß dies am Ende so sein *könnte,* aber gegenwärtig gibt es sicherlich keinen schlüssigen

Beweis – faktisch *überhaupt keinerlei* Beweis – dafür, daß nichtmeßbare Größen ein wesentlicher Bestandteil der menschlichen Kognition sind.«

Haldane schloß diese besondere Angriffslinie gegen die Möglichkeit einer denkenden Maschine mit der Bemerkung ab: »Eines der in Naturwissenschaft und Philosophie hochgehaltenen Prinzipien ist die Beschränkung auf das Wesentliche: Eine Erklärung für irgend etwas sollte so einfach wie möglich sein – aber keinen Deut einfacher. Kognition mit unberechenbaren sensorischen Inputs zu erklären, erscheint mir als hervorragendes Beispiel dafür, wie man dieses Prinzip verletzt. Solange ich in dieser Hinsicht nicht etwas zu Gesicht bekomme, das nach Beleg und nicht nur nach persönlicher Meinung oder unverhohlener Spekulation aussieht, werde ich weiterhin der Überzeugung sein, daß bis zum Beweis des Gegenteils alles berechenbar ist.«

Während dieser Debatte über sensorische Ausstattung und Denken hatte Wittgenstein zumeist schweigend vor sich hingebrütet. Nun plötzlich brach er aus seiner Lethargie heraus und erklärte der Gruppe: »Jeder menschliche Gedanke ist eng mit seinem sprachlichen Ausdruck verknüpft. Ohne Sprache kann es kein Denken geben. Ich habe nun fast zwei Stunden dagesessen und Ihrem unsinnigen Geschwätz über Maschinen, Sinnesorgane, Zeichen und dergleichen zugehört, ohne ein einziges Wort über Sprache zu vernehmen. Wie kann jemand von einer ›denkenden Maschine‹ reden, ohne die Sprache in Betracht zu ziehen, durch die ihre Gedanken dargestellt werden? Alles, was bislang an diesem Tisch gesagt wurde, ist kompletter Unsinn, wenn wir uns nicht über diesen Punkt verständigen.«

Etwas betreten angesichts der Heftigkeit von Wittgensteins Ausbruch, versuchte Snow, die Diskussion auf diesen Punkt zu lenken.

»Wenn ich mich nicht irre, war es Aristoteles, der gesagt hat, daß Menschen im Grunde Tiere sind, die Sprache verwenden. Wenn dies wirklich die maßgebliche Eigenschaft des Menschseins ist, dann scheint mir daraus logisch zu folgen, daß eine Maschine, die menschliches Denken nachahmen soll, die ›Gabe‹ der Sprache haben muß – so wie Wittgenstein es sagt.«

»Aber welche *Art* von Sprache würde eine solche Maschine benutzen?« fragte Haldane nach und verschärfte damit noch Wittgensteins Einwand. »Und ist diese Art Sprache kompatibel mit der Sprache, die das menschliche Gehirn benutzt? Mir scheint, daß dies die Punkte sind, die der Klärung bedürfen, wenn wir ermessen wollen, inwieweit Turings Maschine zu menschlichem Denken in der Lage ist.«

»In der Tat scheint das die Frage zu sein«, sagte Snow. »Und dies scheint mir auch ein ausgezeichneter Zeitpunkt für eine kleine Pause in unserem Gespräch, bevor Simmons den Salat serviert. Vielleicht denken wir alle einmal über diese Frage nach, was Sprache mit menschlichen Denkvorgängen zu tun hat, und teilen einander unsere Ansichten mit, wenn wir an den Tisch zurückkehren. Jetzt aber schlage ich erst einmal vor, daß wir unsere Gläser auffüllen, uns ein bißchen die Beine vertreten und dann in, sagen wir, etwa zehn Minuten an den Tisch zurückkommen, um diesen entscheidenden Gesichtspunkt weiterzuverfolgen.«

## *Kapitel Fünf: Salat*

### SPRACHE UND DENKEN

Als die Gäste sich wieder an den Tisch setzten, fanden sie auf ihren Tellern grünen Blattsalat vor, gemischt mit Tomaten und mit ein wenig Essig und Öl beträufelt. Während sie die Salz- und Pfeffermühlen herumgehen ließen und die etwas umständlich zu handhabende Delikatesse zu essen begannen, brachte Snow das Gespräch wieder auf das Thema Mensch und Sprache.

»Wittgenstein hat uns daran erinnert, daß das, was den Menschen von anderen Lebewesen unterscheidet, unsere Fähigkeit ist, mit Hilfe der Sprache unsere Gedanken auszudrücken und sie unseren Artgenossen mitzuteilen. Sollte also Turings Maschine den von ihm skizzierten Test bestehen und uns zu der Annahme verleiten, sie sei menschlich, dann scheint mir daraus zu folgen, daß sie über menschenähnliche Sprachfähigkeiten wird verfügen müssen. Können wir uns darauf einigen?«

»Ich denke doch«, grummelte Haldane mit salatgefülltem Mund. Und indem er mit seiner Gabel auf Wittgenstein zeigte, als nähme er ihn mit dem Gewehr ins Visier, fuhr er fort: »Ich glaube, Wittgenstein hat den Nagel auf den Kopf getroffen. Wir können doch nicht in irgendeinem Sinne von einer wie ein Mensch denkenden Maschine reden, so lange wir mit ihr nicht in *menschlicher* Sprache kommunizieren können, statt in der bizarren Programmiersprache aus langen Folgen von Nullen und Einsen, die Turing vorhin offeriert hat. Ich will nur lebendige, einen Charakter offenbarende Worte und Sätze und nicht sterile, unpersönliche, urtümliche Folgen von Nullen und Einsen.«

Schrödinger, der einen Punkt geklärt wissen wollte, unterbrach die Diskussion, indem er mit dem Messer gegen seinen Tellerrand klopfte, um sich Aufmerksamkeit zu verschaffen. »Könnten wir nicht, bevor wir in das Thema der menschlichen Sprache einsteigen und der Frage nachgehen, wie Turings Maschine diese lernen könnte, erst einmal den Unterschied zwischen der Art und Weise klären, wie Menschen Sprache zur Kommunikation benutzen und wie andere Arten – etwa Vögel oder Ameisen – sich miteinander verständigen? Manche verwenden den Begriff ›Sprache‹ auch zur Beschreibung dieser Formen tierischer Kommunikation. Ich würde deshalb gern sicherstellen, daß wir alle dasselbe meinen, wenn wir hier von ›menschlicher Sprache‹ im Gegensatz zu diesen anderen Kommunikationsformen reden. Aber was *genau* ist es denn nun, was menschliche Kommunikationsformen von diesen anderen unterscheidet?«

»Ein wichtiger Gesichtspunkt, Schrödinger«, bemerkte Snow. »Wären Sie, Haldane, so freundlich, sich zu dieser Unterscheidung etwas auszulassen?«

Warum gerade ich? fragte sich Haldane. Ich bin kein Spezialist für Sprachen. Da er aber keine Gelegenheit ausließ, wenn man ihm ein Podium bot, ließ er von seinem Salat ab und stellte sich Snows Herausforderung.

»Wir gehören zur einzigen Spezies, die Sprache im vollen Sinne zu gebrauchen vermag, will sagen, daß Menschen für ihre Kommunikation einen zusammenhängenden Satz konventioneller Zeichen verwenden können. Es mag zwar sein, daß andere Tiere wie etwa Vögel und Affen mittels Zeichen kommunizieren, zum Beispiel wie Vögel, die schreien, wenn Gefahr in der Nähe ist, oder wie Bienen, die den Ort, an dem es Nahrung gibt, durch einen komplizierten Tanz mitteilen. Aber diese Zeichen sind nicht wirklich Sprache.«

»Und weshalb nicht?« fragte Turing.

»Der Grund liegt bei den Begriffen *zusammenhängend* und *konventionell.* Wenn wir von einem ›konventionellen‹ Zeichen sprechen, meinen wir damit, daß das Zeichen keinen natürlichen Zusammenhang mit der Sache hat, von der gerade die Rede ist. So steht das Wort ›Wasser‹ beispielsweise in keiner offenkundigen Beziehung zu dem flüssigen Stoff, auf den es verweist; das Wort hat keine von vornherein bestehende Bedeutung, und wir könnten ebensogut den französischen Ausdruck *eau* oder das spanische *agua* benutzen, um das Gemeinte zu bezeichnen. Dies unterscheidet sich beträchtlich von der Art Zeichen, die man womöglich machen würde, um ›Wasser‹ anzudeuten, etwa, indem man eine wellenförmige Bewegung mit der Hand machte. Die Verwendung des Symbols ›Wasser‹ unterscheidet sich auch darin vom Krächzen, daß es ein erlernter und vereinbarter Code für eine bestimmte Flüssigkeit ist und nicht eine spontane Reaktion.«

Im weiteren Fortgang seiner Erläuterung merkte Haldane an, der Begriff »zusammenhängend« bedeute, daß Menschen Sprache als ein komplexes Arrangement von Zeichen benutzen, die sich in einer unbegrenzten Zahl von Kombinationen verwenden lassen. Diese Verbindungsfähigkeit sei es, die es dem Menschen erlaube, Kombinationen zu bilden, um praktisch jeden Gedanken auszudrücken, auf den ein menschliches Gehirn verfallen kann, angefangen vom Angriff eines Bullen bis zu einem friedlichen Sommerabend oder dem Duft frisch gebackenen Brotes. Die grenzenlosen Möglichkeiten, Unterscheidungen zu treffen und Kombinationen derartiger Unterscheidungen durch den Gebrauch grammatikalischer Regeln und Strukturen zu bilden, seien mithin die zweite Besonderheit, die menschliche Sprachen von Kommunikationssystemen primitiverer Art absetze.

»So mögen zwar manche die Ansicht vertreten«, schloß Haldane, »daß die für die menschliche Sprache charakteristischen Eigenheiten – die Konventionalität der Zeichen und ihre Verbindungsfähigkeit – von tierischer Kommunikation nur graduell verschieden sind, aber sie sind dennoch real und eben dasjenige, was der menschlichen Sprache ihre Ausdruckskraft verleiht. Und Sie werden, glaube ich, erkennen …«

In ruhigem Ton unterbrach Wittgenstein diese Erläuterung mit der Feststellung: »Ein Hund kann nicht lügen. Er kann aber auch nicht aufrichtig sein.«

Verblüfft von dieser seltsamen Bemerkung, wartete die Gruppe schweigend darauf, daß Wittgenstein jenen Gedanken zu Ende brächte, der ihn dazu veranlaßt haben mochte, eine solche unerwartete und allem Anschein nach grundlose Äußerung von sich zu geben. Er starrte auf den Tisch und fuhr nach langer Pause fort:

»Ein Hund mag seinen Herrn erwarten. Weshalb kann er nicht erwarten, daß sein Herr am nächsten Mittwoch kommt? Liegt es daran, daß er über keine Sprache verfügt? Wenn ein Löwe sprechen könnte, wären wir nicht imstande, ihn zu verstehen. Warum sage ich so etwas, Haldane? Warum sage ich das?«

»Das wüßte ich auch verdammt gern, Wittgenstein. Aber wenn ich Sie verstehen könnte, hätte ich vermutlich auch keine großen Probleme bei einem Löwen.«

Mit einem strengen Blick brachte Wittgenstein ein zaghaftes Kichern zum Schweigen, zu dem Schrödinger wegen Haldanes Unverschämtheit angesetzt hatte, und setzte mühsam fort: »Eine Sprache zu haben bedeutet, eine bestimmte Lebensweise zu haben. Alles, was wir sagen, ist ganz und gar mit dem verknüpft, was wir tun. Wie kann ich wissen, in welcher Welt ein Löwe lebt? Und wie könnte ich folglich je hoffen, seine Sprache zu verstehen? Verstehe ich sie nicht, weil ich nicht in seinen Kopf hineingehen kann? Weil es hinter seinen Worten etwas gibt, was ich nicht zu fassen vermag?«

»Vielleicht wäre es das beste, auf diesen Punkt ein bißchen später zurückzukommen«, warf Snow rasch ein und versuchte so, einen ausgedehnten Monolog Wittgensteins über das Wesen der Sprache abzuwehren. »Im Moment, scheint mir, beschäftigen wir uns mit der Beziehung zwischen Sprache und Denken. Insbesondere, wie das Gehirn die Sprache mit dem Denken verknüpft. Ich bin mir sicher, daß Turing Ideen dazu hat.«

»In der Tat würde ich dazu gern etwas sagen«, erwiderte Turing. »Wie bereits gesagt, sehe ich keinen gewichtigen Unterschied zwischen der Arbeitsweise des

Gehirns und derjenigen einer Rechenmaschine – einschließlich der Art und Weise, in der das Gehirn Sprache verwendet, um Gedanken mitzuteilen.« Turing ergriff den vor ihm stehenden Wasserkrug und fuhr fort: »Im Grunde genommen bin ich der Ansicht, daß ein Begriff wie *Wasserkrug* durch ein bestimmtes Muster von auf EIN oder AUS geschalteten Neuronen in das Gehirn encodiert ist. Dieses Muster tritt nun mit anderen neuronalen Mustern, etwa mit dem Muster für *Glas* und dem Muster für *gießen,* in Interaktion, um komplexere Gedanken wie *Wasser aus dem Krug in das Glas gießen* zu erzeugen. Ich glaube, daß eine Rechenmaschine in gleicher Weise denken könnte – indem sie nämlich diverse Muster in ihrem Gedächtnis handhabt, sie zur Interaktion miteinander veranlaßt und das zusammenführt oder zerlegt, was wir beim menschlichen Gehirn ›Gedanken‹ nennen.«

Daraufhin fragte Schrödinger: »Sie sagen also, daß es im Gehirn eine Art ›Sprache des Denkens‹ gibt. Neuronenmuster codieren all die diversen Begriffe der Welt, und das Gehirn stellt diese Muster nach bestimmten Regeln – einer ›Grammatik des Denkens‹, wie man es nennen könnte – auf unterschiedliche Weisen zusammen, wodurch zustande kommt, was wir als ›Denken‹ ansehen. Entspricht das Ihrer Meinung?«

»Ja, ich glaube, das ist eine gute Beschreibung dessen, was ich im Sinn habe«, gab Turing zurück.

Während Wittgenstein mit seiner Gabel ein Salatblatt aufspießte, rief er sich etwas mißgestimmt in Erinnerung, daß man sich diese Auffassung von Denken als eine Art von in das Gehirn encodiertem ›Mentalesisch‹ vorstellen könnte. In diesem Sinne gemahnte die Turingsche Sicht von Sprache und Denken an Wittgensteins eigene Bild-Theorie der Sprache, wie er sie in seinem Buch *Tractatus Logico-Philosophicus* vertreten hatte. All die Gründe, weshalb er später diese Sprachauffassung wieder verworfen hatte, gingen ihm gerade durch den Sinn, da sprach Snow, als könnte er Gedanken lesen, einige dieser Einwände aus.

»Was Turing soeben vorgetragen hat, scheint mir geistig jener Sicht der Sprache sehr nahe, die Wittgenstein vor einigen Jahren vertreten hat. Meiner Erinnerung nach – und vielleicht kann mich Wittgenstein korrigieren, wenn ich mich irre – behauptet diese ›Bild-Theorie‹ der Sprache, daß Sprache und Wirklichkeit eine gemeinsame logische Form aufweisen. Damit ist impliziert, daß Sprache die Welt widerspiegelt und daß sprachliche Aussagen Tatsachen abbilden.«

Haldane unterbrach ihn: »Meinen Sie damit, daß der Punkt, an dem die Sprache an die Welt ankoppelt, in der Beziehung zwischen einem Objekt in der Welt und dem Namen besteht, den die Sprache diesem Objekt zuweist?«

»Genau«, erwiderte Snow. »Dadurch, daß die wirkliche Welt und die Sprache eine gemeinsame logische Struktur haben, entsteht die Möglichkeit, Wirklichkeit in Aussagesätze zu überführen. Folglich sind sprachliche Aussagen sinnvoll, wenn sie auf die Welt bezogen werden können. So kann ich zum Beispiel sinnvollerweise sagen, ›Die Royal Albert Hall ist in London‹, aber es ist sinnlos, wenn ich sage: ›Ist Royal die Hall Albert London in.‹ Selbstverständlich könnte man sich andere Grammatiken oder Regeln ausdenken, innerhalb derer die zweite Aussage sinnvoll wäre. Aber innerhalb der konventionellen Grammatik unserer Sprache hat dieser Satz keinerlei logische Struktur.«

»Die Hauptthese dieser Bild-Theorie der Sprache ist demnach die, daß es zwischen der logischen Struktur der Sprache und der logischen Struktur der Tatsache, die die Sprache behauptet, eine Gemeinsamkeit geben muß. Richtig?« fragte Schrödinger.

»Völlig richtig«, warf Wittgenstein ein. »Und diese Beziehung zwischen der Tatsache und ihrem sprachlichen Ausdruck ist präzise das, was sich sprachlich nie ausdrücken läßt. Nie können Worte einer Sprache diese Entsprechung ausdrücken. Deshalb sollten Sie diese Sicht von Sprache als einer Widerspiegelung von Logik aufgeben; sie ist kompletter Blödsinn.«

»Gedulden Sie sich nur eine Minute«, sagte Snow. »Lassen Sie uns diese Theorie noch in bezug auf Turings Idee betrachten, wonach Denken darauf hinausläuft, daß im Gehirn diverse symbolische Darstellungen von Gegenständen aus der realen Welt hin- und hergeschoben und miteinander kombiniert werden. Das paßt ziemlich gut in Ihre Bild-Theorie. Wir brauchen nur noch Turings Zeichencodierung von Gegenständen mit den Bildern Ihrer Theorie zusammenzudenken.«

Frustriert und empört warf Wittgenstein seine Serviette hin: »Sie haben völlig mißverstanden, was ich mit ›Bild‹ meine. Das Bild ist *nicht* die Darstellung des Gegenstands im Kopf; ich rede hier nicht von Abbildungen von Zügen, Tischen oder Zylindern. Die Rede ist von der Unmöglichkeit, jemals das Verhältnis zwischen dem Gegenstand und dem ihm von der Sprache zugewiesenen Namen auszudrücken. Dieses Verhältnis kann nur *gezeigt,* nie aber explizit in Sprache gefaßt werden. Dieses ›Zeigen‹ und nicht das ›Sprechen‹ *ist* das Bild. Aber das Ganze ist ein unzutreffendes Bild von Sprache, und ich nehme es uneingeschränkt zurück.«

»Das war wohl ein unbeabsichtigtes Wortspiel, Wittgenstein, stimmt's?« witzelte Haldane über Wittgensteins unabsichtlichen doppelten Hinweis auf »Bilder«.

»Ich bitte um Vergebung für meine Konfusion, was die Rolle von ›Bildern‹ in Ihrer im *Tractatus* dargelegten Sprachtheorie anbetrifft«, entschuldigte sich Snow. »Aber da Sie jetzt scheinbar der Meinung sind, daß dies sowieso eine verdrehte Theorie der Beziehung zwischen Sprache und Denken ist, ist vielleicht der rechte Zeitpunkt gekommen, zu Ihrer Aussage von vorhin zurückzukehren, wonach Sprache eng mit einer Lebensweise verknüpft ist. Vermutlich bezieht sich dies auf Ihre gegenwärtige Auffassung von der Rolle der Sprache für das Denken. Wenn Sie so freundlich wären, sich zu dieser Sache zu erklären, hätten wir gewiß alle einen großen Nutzen davon.«

Als hätte man einen Hund von der Kette gelassen, sprang Wittgenstein auf Snows Bitte hin förmlich von seinem Stuhl auf, so begierig war er darauf, das Wort zu ergreifen. Vornübergebeugt wandte er sich mit großer Intensität an die Gruppe und sagte: »Sprache ist überhaupt kein Bild. Sie ist vielmehr ein Werkzeug, ein Präzisionsinstrument.«

»Aber ein Instrument wofür?« erkundigte sich Turing.

»Zum Beurteilen. Ein Geschöpf ohne Sprache, wie ein Hund oder der Löwe, von dem ich vorhin sprach, ist strenggenommen unfähig, hinsichtlich von etwas, was der Fall ist, im Recht oder im Unrecht zu sein.«

»Meinen Sie das im Ernst?« legte Haldane los.

»Glauben Sie wirklich, daß ein Hund, der auf der Straße nach einem Ast schnappt, weil er ihn für einen Knochen hält, sich nicht irrt? Daß er mit dem Ast als Knochen nicht schlechtweg falsch liegt?«

»Nun, gewiß kann sich Ihr Hund irren. Aber ich behaupte, daß es sich dabei nicht um einen Irrtum darüber handelt, daß der Ast ein Knochen ist. Sich darin zu irren, was in dieser Situation tatsächlich der Fall ist, hieße für Ihren Hund, daß er den falschen Begriff benutzt. Und Ihr Hund kann nicht über den Begriff des *Knochens* verfügen, obwohl er imstande sein mag, einen in einer gegebenen Situation zu erkennen.«

Schrödinger bat nun um eine weitere Erläuterung dieses entscheidenden Punkts: »Meinen Sie, daß der Hund zwar weiß, *wie* er einen Knochen erkennen kann, nicht aber, daß dieses oder jenes Ding tatsächlich ein Knochen *ist?*«

»Genau das«, antwortete Wittgenstein. »Diese Art von Wissen stellt die Sprache zur Verfügung. Sie liefert den *Begriff* des ›Knochens‹; deshalb hängt auch das Beurteilen vom Gebrauch von Sprache ab.«

Daraufhin kam Haldane auf den Kern der Angelegenheit zu sprechen: »Wenn sich also mein Hund nicht darin irren kann, daß ein Ast ein Knochen ist, dann kann er auch keine Sprache haben, jedenfalls nicht in dem Sinne, wie Menschen über Sprache verfügen. Das leuchtet ein. Aber es wirft die Frage auf, welche Art Organismen diese menschenähnliche Sprache denn haben *können.* Ist es einfach eine Eigenschaft einer bestimmten Hirnstruktur? Oder hat es mit etwas anderem zu tun?«

Jetzt kommen wir der Sache näher, dachte Snow, während er sich die Pfeffermühle nahm und etwas

Pfeffer auf seinen Salat streute. Turings ganzes Argument über das Nachvollziehen gedanklicher Prozesse in einer Maschine hängt entscheidend von diesem Punkt ab, grübelte er. Wenn Denken Sprache erfordert und Sprache neben möglicherweise weiteren Dingen eine bestimmte Art von Gehirnstruktur voraussetzt, dann können wir die Sache mit den denkenden Maschinen vielleicht abhaken, indem wir zu der Überzeugung gelangen, daß Maschinen einfach nicht ›das Zeug‹ für Sprache haben. Ich frage mich, ob es eine solche Überlegung ist, die hinter Wittgensteins offensichtlicher Feindseligkeit gegenüber Turings Glauben an die Möglichkeit eines elektronischen Gehirns steht.

Gerade als sich Schrödinger räusperte und das Wort ergreifen wollte, beugte sich Wittgenstein zu Haldane hinüber und sagte: »Die Struktur des menschlichen Gehirns ist nicht der Hauptpunkt an der Sprache. Das Gehirn Ihres Hundes und das meinige unterscheiden sich in ihrer Struktur vermutlich nicht allzusehr, außer daß meines ein bißchen größer ist. Was für Sprache wesentlich ist – und was Ihr Hund nicht hat –, das ist die Gesellschaft anderer Sprachbenutzer.«

»Sie behaupten also, daß es im Grunde keine private Sprache geben kann«, sagte Turing. »Sprache ist eine Angelegenheit gesellschaftlicher Konvention. Ist das Ihre Auffassung, Wittgenstein?«

»Ich sage, daß man eine Sprache braucht, um beurteilen zu können und um sich darüber zu verständigen, welche Fälle zu Begriffen wie *Knochen* gehören und welche nicht. Diese Unterscheidungen zu treffen bedeutet, einer Regel zu folgen, im Gegensatz zu instinktivem Handeln wie bei Haldanes Hund. Bei wirklichem Regelfolgen muß es einen Unterschied geben zwischen dem *tatsächlichen* Folgen der Regel und dem bloßen *Anschein,* der Regel zu folgen.«

»Jetzt komme ich, fürchte ich, nicht mehr mit«, sagte Haldane. »Weshalb kann ich keine private Regel haben, der ich folge, eine Regel, die allein mir gehört? Und wenn ich eine solche Regel habe, warum kann ich dann nicht sagen, ob ich sie korrekt befolge oder nicht?«

»Eine private Regel ist überhaupt keine Regel. Wer sich auf ein wirklich geregeltes Verhalten einläßt, muß Mitglied einer Gemeinschaft sein, die diese Regel aufrechterhält und als Autorität hinsichtlich der Frage auftritt, was regelkonform ist und was nicht«, entgegnete Wittgenstein.

»Das ist gewiß ein entscheidender Punkt in unserer Diskussion über Sprache«, sagte Snow. »Aber mir erscheint es noch immer ziemlich unklar, wie Sie die Vorstellung ablehnen können, daß ich einer privaten Regel folgen könnte, die jedem anderen hier am Tisch unbekannt ist.«

»Ja«, sagte Schrödinger. »Angenommen, wir bringen jemandem eine Regel bei, indem wir ihm die Zahlenfolge 1, 2, 4, 8, 16, 32 … zeigen und ihn dann bitten, die Reihe in ›derselben Weise‹ fortzusetzen. Wahrscheinlich wird er mit 64, 128, 256 … fortfahren, weil er sieht, daß jede Zahl in der ursprünglichen Reihe durch Verdoppelung der vorherigen Zahl gebildet wurde. Aber nehmen wir an, er hätte statt dessen die Fortsetzung 35, 38, 41, 44 … notiert. Wenn wir ihn darauf hinweisen, daß er nicht auf dieselbe Weise weitermacht, könnte er womöglich sagen, er habe nicht die Verdoppelungsregel benutzt, sondern vielmehr die andere Regel: ›verdopple die Zahl bis 32 und addiere danach jeweils 3‹. Was ich nicht ganz verstehe, ist, weshalb er nicht diese private Regel haben kann und uns dann einfach erzählt, wie nach seinem Verständnis die Regel aussieht.«

Snow bekräftigte Schrödingers Beispiel und sagte: »Genau, weshalb kann er nicht diese private Regel haben und sich dann mit uns mündlich darüber verständigen, welche Regel er bei irgendeiner Gelegenheit benutzt?«

Wittgensteins Erwiderung benannte geradewegs den Grund, weshalb private Sprachen unmöglich sind. Während er in der für ihn typischen, durchdringenden Art in die Tischrunde blickte, antwortete er Schrödinger und Snow:

»Der Grund, weshalb er nicht einfach Schrödinger sagen kann, welcher Regel er folgt, liegt darin, daß das verbale Verhalten, mit dem er ihm mitteilt, welcher Regel er folgt, selbst wieder ein von Regeln bestimmtes Handeln ist. Falls wir also unsicher sind, ob zwei Leute dieselbe mathematische Regel einhalten, müssen wir folgerichtig auch skeptisch fragen, ob sie die gleichen sprachlichen Regeln benutzen, wenn sie miteinander besprechen, welche Regel gemeint ist – die ›Verdoppelungsregel‹ oder die ›Verdoppeln-bis-32-und-danach-jeweils-3-addieren-Regel‹.«

Verwirrt von diesem ganzen Gerede über Regeln, fragte Turing: »Schön, aber wie können wir dann je sicher sein, daß irgend jemand von uns derselben Regel folgt wie jemand anderes? Oder, schlimmer noch, wie kann ich sicher sein, welcher Regel ich selber folge?«

»Darauf, Turing, kann es nur eine einzige Antwort geben«, erwiderte Wittgenstein im schönsten Oberlehrerton. »Wenn einige Leute derselben Regel folgen, so heißt das nicht, daß sie dieselbe private, innere Vorstellung von einer Regel haben. Vielmehr bedeutet es, daß sie *in der Praxis* übereinstimmen; es gibt eine öffentliche Überprüfung, die entscheidet, ob das, was sie tun, derselben Regel folgt oder nicht.«

Wenn Wittgenstein recht hat, dachte Haldane bei sich, dann kann es so etwas wie Solipsismus also nicht geben; es muß außer mir noch weitere denkende Wesen geben. Wenn Beurteilen eine Sprache verlangt und wenn Sprache eine von Regeln bestimmte Handlung ist, die eine öffentliche Überprüfung ihrer Regeln erfordert, dann würde die Abwesenheit anderer Menschen bedeuten, daß ich nicht wirklich beurteilen könnte. Wenn ich daher *tatsächlich* beurteile – das heißt denke –, dann muß es weitere Intelligenzen geben. Nicht einmal wenn ich bezweifle, daß ich denke, kann ich mich dieser Schlußfolgerung entziehen, denn den Solipsismus zu bezweifeln ist selbst auch wiederum ein Urteil. Was für ein Argument!

Um der Gruppe diese Überlegungen mitzuteilen, erklärte Haldane: »Falls Wittgensteins Argument zutrifft, dann erfordert das Regelfolgen einer Person zumindest das Regelfolgen einer weiteren; eine private Sprache oder eine private Deutung dessen, was es bedeutet, einer Regel zu folgen, kann es nicht geben. Dies jedoch scheint mir zu implizieren, daß eine Rechenmaschine wie die Turingsche nicht wirklich *wissen* kann, daß sie einer Regel – oder einem Programm – folgt, und daß sie folglich niemals wirklich wie ein Mensch denken kann.«

»Na schön«, sagte Turing mit einem überraschten Gesichtsausdruck. »Unabhängig davon, ob Sprache eine abbildende Beziehung zwischen Wörtern und den Gegenständen der Welt ist oder, wie Wittgenstein jetzt behauptet, eine Art von regelgestütztem sozialen Konsens, erführe ich immer noch gern Wittgensteins Ansicht zu der Frage, ob Denken in *jeder* Form von Sprache stattfindet.«

»Die Vorstellung von einer Sprache des Denkens stößt auf ein ganz eigenes Dilemma«, erwiderte Wittgenstein. »Auf der einen Seite lassen sich zwar meine Worte in bezug auf das, was ich denke, interpretieren, aber meine Interpretation meiner eigenen Gedanken ist völlig sinnlos. Auf der anderen Seite bedeutet dies, daß die psychischen Elemente, die meinen tatsächlichen Gedanken konstituieren, nicht in derselben Beziehung zur Wirklichkeit stehen wie die Wörter.«

Schrödinger fragte daraufhin: »Wenn Gedanken Sätzen Bedeutung verleihen sollen, müssen sie folglich symbolischen Gehalt haben. Das aber führt zu einem Zirkelschluß, einer fast hinterhältigen Form von unendlichem Regreß.« Während er zur Wand über dem Kamin emporsah, fuhr er fort: »Wenn ich beispielsweise diese Gedenktafel für Darwin von der Wand abnehme, hochhalte und einen Satz äußere, ist dieser Satz zusammen mit der Tafel weniger und anderen Interpretationen zugänglich als die Gedenktafel selbst.«

Geistesabwesend mit den Fingern auf den Tisch trommelnd, bemerkte Haldane: »Das scheint mir alles darauf hinauszulaufen, daß es Verknüpfungen zwischen Gedanken und Sprache *gibt*. Aber sie erfordern keinerlei inneres Aussprechen. Die Frage ›Was denken Sie gerade?‹ ist keine Beschreibung eines inneren Vorgangs, sondern ein Ausdruck meines Gedankengangs in Worten. Wollen Sie darauf hinaus, Wittgenstein?«

Bevor Wittgenstein antworten konnte, fuhr Turing

eilig mit seiner Überlegung fort: »Aus meiner Sicht setzt die Fähigkeit, Gedanken oder Anschauungen zu haben, die Fähigkeit zur Handhabung von Zeichen voraus. Das liegt aber nicht daran, daß unausgesprochene Gedanken sprachlich gefaßt sein müssen; vielmehr hat es damit zu tun, daß das *Ausdrücken* von Gedanken in sprachlicher Form geschehen muß.«

Wittgenstein griff Turings Gesichtspunkt auf und kam noch einmal auf seine Überlegung über das Fällen von Urteilen zurück. »Denkfähigkeit zuzuerkennen ist nur dann sinnvoll, wenn wir Kriterien zur Identifizierung von Gedanken haben. Wir müssen dazu imstande sein, zwischen *A* denken und *B* denken zu unterscheiden. Das heißt, daß Gedanken sich ausdrücken lassen müssen. Und nur eine sehr begrenzte Bandbreite von Gedanken läßt sich durch die Art nichtsprachlichen Verhaltens ausdrücken, die man etwa bei Affen oder Vögeln vorfindet. Gedanken sollte man mehr mit möglichem Verhalten verbinden als mit tatsächlichen mentalen Vorgängen. Mit Sicherheit gilt aber, daß irgendeine Art Sprache nötig ist. Menschen sind ihrem Wesen nach Tiere, die Sprache benutzen.«

»Gut gesagt, Wittgenstein. Aristoteles hätte es nicht besser machen können«, bemerkte Snow. »Ich will mal sehen, ob ich den Stand unseres Gesprächs über diese Frage der Sprache des Denkens zusammenfassen kann. Nach meinem Eindruck der bisherigen Diskussion ist Denken gleichbedeutend mit Urteilen. Ein Urteil zu fällen erfordert aber den Gebrauch von Sprache. Daraus folgt, daß das Denken *irgendeine* Art Sprache erfordert. Und obwohl zum Denken eine zeichenhafte Darstellung von Gegenständen und Begriffen der realen Welt dazugehört, ist es nicht etwas so Simples wie eine direkte Handhabung jener Zeichen im Gehirn entsprechend einem sprachlichen Regelwerk; es gibt keine *Grammatik* des Denkens. Schließlich haben wir Wittgensteins Behauptung, daß die menschliche Sprache eine auf Regeln basierende Tätigkeit ist und nicht eine Abbildbeziehung zwischen Gegenständen und Wörtern. Hab ich etwas ausgelassen?«

»Mir scheint das so ziemlich alles abzudecken«, nickte Turing. »Aber für meinen Geschmack ist damit immer noch die Frage offen, ob man dieses Sprachvermögen einer Rechenmaschine geben kann.«

»Vielleicht«, erwiderte Snow, »benutzen Sie das falsche Verb. Womöglich ist es nicht etwas, was der Maschine *direkt* gegeben wird, sondern eher etwas, was die Maschine *erwerben* kann. Schließlich wird auch Kindern die Sprache nicht mit der Muttermilch eingeflößt. Sie ist etwas, was dadurch erworben wird, daß man einer bestimmten Gemeinschaft von Menschen, die eine bestimmte Sprache benutzen, ausgesetzt ist.«

Turing stimmte dem zu und bemerkte: »Wenn wir genau wüßten, wie Kinder Sprache erwerben, würde das meines Erachtens erheblich zur Klärung der Beziehung zwischen Sprache und Denken beitragen und uns vielleicht sogar dazu verhelfen, die von Wittgenstein aufgeworfene Frage nach dem Unterschied zwischen Sprache als *Werkzeug* und Sprache als *Bild* zu beantworten.«

»Wohl wahr«, konstatierte Haldane. »Es ist doch ganz offensichtlich, daß eine Rechenmaschine, die menschliches Denken kopieren soll, auch die menschliche Sprachfähigkeit kopieren muß. Wenn wir wüßten, wie Menschen Sprache erwerben, würde uns das also mit Sicherheit einen Hinweis darauf geben, ob eine Maschine womöglich auf die gleiche Weise Sprachfähigkeit erlangen könnte.«

Während Simmons schweigend von Platz zu Platz ging, die Salatteller und Gabeln abräumte, die Krümel vom Tisch kehrte und die Dessertteller hinstellte, dachte Snow einen Moment darüber nach, wer von seinen Gästen am geeignetsten sei, um den gegenwärtigen Wissensstand zur Frage des Spracherwerbs zusammenzufassen. Schließlich wandte er sich an Haldane und fragte: »Als Biologe ist Haldane vielleicht derjenige unter uns, dem die diversen konkurrierenden Theorien des Spracherwerbs am vertrautesten sind. Wären Sie so freundlich, uns die Ansichten der Wissenschaft in diesem Bereich zu skizzieren?«

»Ich habe nichts dagegen, es zu versuchen«, antwortete Haldane, »aber ich will von Anfang an klarstellen, daß das, was ich dazu zu sagen habe, nicht viel mehr als der Bericht eines interessierten Laien ist. Ich bin gewiß kein Sprachwissenschaftler, noch habe ich mich im Detail mit dem Problem des Spracherwerbs beschäftigt.« Nachdem er diese Einschränkungen vorangestellt hatte, begann Haldane mit seiner Darstellung.

»Zunächst einmal sollten wir uns über die empirischen Fakten im klaren sein, die jedwede Theorie des Spracherwerbs erklären können muß. Dazu zählt die Tatsache, daß jedes normale Kind imstande ist, ein inhaltsreiches System von Wissen, das zu *jedweder* menschlichen Sprache gehört, ohne nennenswerte Anleitung zu meistern, daß es zu diesem Können kommt, obwohl das Kind nur einem geringen Bruchteil aller möglichen Äußerungen in dieser Sprache unmittelbar ausgesetzt wird, und daß der

Spracherwerb am schnellsten im Alter zwischen zwei und drei Jahren erfolgt.«

Schrödinger unterbrach Haldanes Ausführungen mit der Bemerkung: »Die wichtigste dieser Tatsachen scheint offenkundig der Umstand zu sein, daß ein Kind zu Aussagen imstande ist, die es noch nie gehört hat. Dies ist allem Anschein nach ein höchst bedeutsames Hindernis für jede Theorie, die auf bloßes Memorieren oder rein mechanisches Lernen abstellt.«

»So ist es«, fuhr Haldane fort. »Merkwürdigerweise gehen die gegenwärtigen Ansichten zum Spracherwerb jedoch genau in die entgegengesetzte Richtung; das Problem der ›Reizarmut‹ spielt in all diesen Theorien überhaupt keine entscheidende Rolle.«

»Könnten Sie uns bitte kurz eine oder zwei dieser Theorien erläutern, Haldane?« bat Snow, der ungeduldig darauf wartete, daß der andere endlich zu den Kernfragen im Zusammenhang mit dem Problem des Spracherwerbs käme.

»Sicher haben Sie alle schon von der psychologischen Schule gehört, die *Behavioristen* oder manchmal auch nur *Behaviorismus* genannt wird«, stellte Haldane fest.

Schrödinger warf rasch ein: »Ich glaube, sie vertreten die Auffassung, es sei unwissenschaftlich zu versuchen, menschliches Verhalten damit zu erklären, daß man das Vorhandensein von Geisteszuständen im Gehirn postuliert.«

»Richtig. Einige Leute haben den Schluß gezogen, Behavioristen behaupteten damit, daß es derartige Geisteszustände nicht gebe. Doch wohl nur ein paar sehr radikale Behavioristen gehen so weit; die meisten sagen einfach, eine eventuelle wissenschaftliche Verhaltenstheorie müsse auf direkt beobachtbaren Phänomenen basieren und nicht auf Dingen wie mentalen Vorgängen, die der Beobachtung prinzipiell nicht zugänglich seien.«

Haldane begann nun, den behavioristischen Ansatz menschlichen Verhaltens zu skizzieren, eine Theorie, die eigenartigerweise an den Test erinnerte, den Turing bereits an diesem Abend beschrieben hatte, um zu bestimmen, ob eine Maschine denkt oder nicht. Dieser Test war ganz im Geist des behavioristischen Programms konzipiert, da er auf dem Gedanken basierte, daß das, was innerhalb der Maschine vor sich geht, für die Bestimmung des Bewußtseinszustands der Maschine irrelevant ist; allein das von außen beobachtete Verhalten kommt bei dieser Beurteilung in Betracht.

»Was also würde nun ein Behaviorist zur Frage des Spracherwerbs sagen?« wollte Snow wissen.

»Grundsätzlich würde er sagen, daß das Erlernen einer Sprache eine Art bedingter Reflex ist, weitgehend so, wie Pawlows Hund gelernt hat, immer dann in Erwartung von Fressen Speichel zu entwickeln, wenn sein Trainer eine Glocke erklingen ließ«, erwiderte Haldane.

»Dieser Sicht zufolge lernt ein Kind beispielsweise das Wort *Wasser,* indem es immer etwas zu trinken bekommt, wenn es durstig ist. Wiederholt sich diese Situation viele Male, baut das kindliche Gehirn eine Assoziation zwischen dem Wort *Wasser* und dieser klaren, kühlen Flüssigkeit auf, die seinen Durst löscht. Sehe ich das richtig?« fragte Schrödinger, der die Augen ungläubig hochzog, als wollte er sagen, daß nur ein Psychologe dazu imstande sei, eine Theorie zu vertreten, die derart im Widerspruch zu den beobachteten Tatsachen des Spracherwerbs und Sprachgebrauchs stand.

»Im wesentlichen ja«, gab Haldane in leicht einfältigem Tonfall zurück. »Ich weiß, es klingt ziemlich unglaublich. Aber das ist der Kern der behavioristischen Sicht vom Spracherwerb. Dieser geschieht durch eine lange Reihe von Reiz-Reaktions-Situationen, die in das kindliche Gehirn encodiert werden.«

»Haarsträubend«, fuhr Wittgenstein hoch, den eine solche Vorstellung aus seiner Zurückgezogenheit aufgerüttelt hatte. »Diese Auffassung vom Spracherwerb würde implizieren, daß ein Kind nie neue Wörter oder Sätze hervorbringen könnte, die es nicht bereits von anderen gehört hat. Wie kann jemand nur glauben, daß ein Kind in einem Zeitraum von gerade mal ein oder zwei Jahren durch einen solchen Lernvorgang sich irgendeinen Grad von flüssigem Sprechen zulegen könnte? Einfach unbegreiflich!«

»Ich verteidige die behavioristische Auffassung nicht, Wittgenstein, sondern ich berichte nur darüber«, reagierte Haldane ziemlich defensiv. »Es gibt mit Sicherheit noch andere Theorien, denen es besser gelingt, mit den wirklich beobachteten Fakten des Spracherwerbs, die Sie vorhin angeführt haben, zurechtzukommen«, sagte Snow, der Haldanes Aufmerksamkeit von Wittgensteins wütender Kritik an den Behavioristen zum eigentlichen Thema zurückzulenken suchte. »Vielleicht führt eine Auffassung vom Gehirn, bei der es ein weniger passiver Mechanismus ist, als es sich diese Behavioristen vorzustellen scheinen, zu einer Theorie, die mit den wirklichen Tatsachen besser zu vereinbaren ist.«

»Es gibt tatsächlich eine Theorie in dieser Richtung, die von einem Schweizer Psychologen namens Piaget vorgelegt worden ist«, sagte Haldane. »Er behauptet, daß das menschliche Bewußtsein in einem Prozeß der Wirklichkeitskonstruktion intelligentes Verhalten hervorbringt, statt einfach als passiver Empfänger und Verarbeiter von Informationen aus der Außenwelt zu funktionieren.«

Turing merkte an: »Soweit ich mich entsinne, unterscheidet sich Piagets Theorie insofern markant von den Behavioristen, als er postuliert, daß ein aktives, weltzugewandtes Bewußtsein sich bei seiner Wirklichkeitskonstruktion interner mentaler Repräsentationen bedient.«

»Richtig«, fuhr Haldane fort. »Piaget meint, die Einführung solcher Entitäten in die Erforschung des Bewußtseins sei nicht weniger wissenschaftlich, als wenn etwa ein Physiker wie Schrödinger im Rahmen einer Theorie der Materie ein praktisch unbeobachtbares Teilchen wie ein Neutrino einführt.«

»Und wie sieht Piaget den Spracherwerb?« erkundigte sich Schrödinger.

»Nach meinem Verständnis sagt Piaget, daß der Spracherwerb nichts anderes ist als der Erwerb jeder anderen Fähigkeit im jeweils passenden intellektuellen Entwicklungsstadium. Nach seiner Meinung durchläuft das Kind von der Geburt bis zur Pubertät mehrere Phasen der geistigen Entwicklung, die von der Konstruktion von Vorstellungen wie Raum und Zeit bis zur Konzeption der wirklichen Welt als Teilmenge der möglichen Welten reicht. Sprache ist nichts weiter als eine der vielen geistigen Vorstellungen, die im Verlauf dieses Gesamtprozesses erworben werden«, erläuterte Haldane.

»Einfach so, wie man lernt, seine Schnürsenkel zuzubinden oder Fahrrad zu fahren?« fragte Turing.

»Kein wesentlicher Unterschied, soweit ich sehen kann«, antwortete Haldane.

»Ich fürchte, ich verstehe immer noch nicht, wie diese Theorie des Spracherwerbs zu erklären vermag, wodurch ein Kind befähigt ist, *kreativ* mit Sprache umzugehen«, gab Schrödinger zu bedenken. »Aber vielleicht kann Piaget, wenn er die Verwendung geistiger Vorstellungen zugesteht – oder sogar postuliert –, begründen, daß Kreativität durch die Zusammenstellung dieser Vorstellungen zu diversen neuartigen Mustern mit Hilfe einer Art internen grammatikalisch geordneten Verschiebung sprachlicher Zeichen zustande kommt.«

»Ja, keine dieser Theorien glänzt damit, daß sie mit den tatsächlich beobachteten *Fakten* zurechtkommt, wie Menschen Sprache erwerben und gebrauchen«, gab Haldane zu. »Aber mehr scheinen wir nicht zu haben, jedenfalls momentan.«

Während dieses Austauschs hatte Turing still Selbstgespräche geführt und geistesabwesend seinen Notizblock mit geheimnisvollen Zeichen und Kritzeleien gefüllt. Als Haldane einräumte, daß die theoretischen Erklärungen dafür, wie Sprache erworben wird, derart schwach seien und so schlecht mit der Erklärung alltäglicher Beobachtungen fertig würden, daß sie wirklich wenig erbrächten, unterbrach er Haldanes Entschuldigungen, um der Gruppe seine eigenen Spekulationen in dieser Angelegenheit darzulegen.

»Wir waren uns einig, daß die Sprache eine der charakteristischsten Eigenschaften ist, die den Menschen von anderen Tieren unterscheiden. Da Sprache von der Tätigkeit unseres Gehirns herrührt, ergibt sich daraus die logische Folgerung, daß es irgend etwas an unseren Gehirnen geben muß, das fundamental anders ist als bei den Gehirnen anderer Organismen.«

»Das ist uns allen klar, Turing. Aber wohin führt das?« fragte Schrödinger in leicht ungeduldigem Tonfall.

»Haben Sie noch einen Moment Nachsicht«, sagte Turing und fuhr in seiner Überlegung fort. »Angenommen«, sagte er, »die Evolution hat in unseren Gehirnen eine Struktur angelegt, die allein auf Sprache spezialisiert ist, eine Art Sprach-›organ‹ wenn Sie so wollen.«

Nun kam der Clou von Turings Theorie: der Gedanke, daß alle menschlichen Sprachen in ihrer Wurzel *ein und dieselbe* Sprache seien, in direktem Widerspruch zur herrschenden Auffassung von Sprachwissenschaftlern wie Ferdinand de Saussure und Leonard Bloomfield, die die Unterschiedlichkeit menschlicher Sprachen mehr betonten als ihre Ähnlichkeiten.

»Lassen Sie uns ein analoges Argument zu jenem konstruieren, das ich vorhin über Rechenmaschinen vorgetragen habe. Da habe ich Ihnen gesagt, die von mir skizzierte Maschine sei *universal* in dem Sinne, daß sie einfach dadurch, daß man ihr ein entsprechendes Programm eingibt, dazu gebracht werden könnte, jede andere Art von Rechenprozeß auszuführen. Weshalb könnte es sich mit der Sprache nicht ebenso verhalten? Vielleicht ist es so, daß alle menschlichen Sprachen, statt fundamental verschieden zu sein, wie es oberflächlich den Anschein hat, in bezug auf ihre Tiefenstruktur allesamt *genau* gleich sind.«

Daraufhin bat Snow Turing darum, diesen entscheidenden Punkt in seiner Theorie genauer zu erläutern. »Meinen Sie, daß so, wie alle Rechenmaschinen im Grunde genommen dieselbe Maschine sind, die so programmiert werden kann, daß sie wie unterschiedliche Maschinen *aussieht,* so gäbe es auch eine Sprachstruktur – Sie nannten sie, glaube ich, ›Organ‹ – im menschlichen Gehirn, welche die Tiefenstruktur aller menschlichen Sprachen darstellt?«

»So ist es«, erwiderte Turing, den sein Thema in Fahrt brachte. »Mein Gedanke ist der, daß es in unseren Gehirnen vielleicht einen Teilbereich gibt, der speziell für die Sprache verdrahtet ist. Aber genauso, wie wir eine Rechenmaschine so verdrahten können, daß sie die in jedem Programm vorgeschriebenen Operationen ausführt, hat dieser sprachspezifische Teil des Gehirns die Fähigkeit, die Besonderheiten *jeglicher* menschlichen Sprache auszuführen. Nötig ist nur, daß die äußere Umwelt die Einzelheiten der zu erlernenden Sprache zur Verfügung stellt. Diese Grundstruktur wird nun von der Umwelt programmiert, so daß der Inhaber des Gehirns hier in Cambridge am Ende Englisch redet anstatt etwa Chinesisch oder Spanisch, das er sprechen würde, wäre dieses Gehirn einer Chinesisch oder Spanisch sprechenden Umwelt in Hongkong oder Madrid ausgesetzt gewesen.«

»Behaupten Sie, daß das Erlernen einer spezifischen Sprache wie des Deutschen, das ich in Wien gelernt habe, dasselbe ist, wie wenn man Ihrer Rechenmaschine ein Programm gibt?« fragte Wittgenstein. »Sie scheinen zu sagen, so, wie das Programm der universalen Maschine mitteile, als welche andere Maschine sie sich ausgeben soll, so habe die deutschsprachige Umwelt von Wien dem Sprachorgan in meinem Gehirn mitgeteilt, welche Sprache es einbauen soll.«

Turing antwortete, indem er seinen Gedanken näher ausführte: »Was ich im Sinn habe, ist nun wirklich ein bißchen mehr als das. Vor ein paar Stunden habe ich erklärt, wie die materielle Struktur einer Rechenmaschine imstande sein muß, gewisse Basisoperationen auszuführen, etwa das Verschieben eines Zeichens von einer Stelle auf dem Speicherband zu einer anderen oder das Ersetzen von einem Zeichen durch ein anderes Zeichen. Ich glaube, daß dieser Sprachbereich des menschlichen Gehirns ebenfalls auf besondere Weise verdrahtet ist, so daß er bestimmte Basisoperationen im Zusammenhang mit jeglicher menschlichen Sprache auszuführen vermag. Das könnten Dinge sein wie die Unterscheidung von Verben und Substantiven, die Verknüpfung grundlegender Klänge zur Bildung von Wörtern und die Anordnung von Worten in einer Reihenfolge, um Sätze zu formen.«

»Könnten Sie uns bitte sagen, inwiefern diese Sicht des Spracherwerbs einige der empirischen Tatsachen zu erklären hilft, die Haldane vorhin in bezug darauf erwähnt hat, wie Kinder tatsächlich Sprache erwerben und verwenden?« fragte Snow.

»Das wichtigste Problem, das durch diese Theorie erklärt wird, ist sicher das, was Haldane das Problem der ›Reizarmut‹ genannt hat. Wenn bei jedem normalen Kind von Geburt an eine Basisgrammatik aller Sprachen im Gehirn verdrahtet ist, läßt sich ziemlich problemlos verstehen, wie selbst kleine Kinder Sätze bilden können, die sie nie zuvor gehört haben. Grundsätzlich ›kennen‹ Kinder bereits alle möglichen grammatikalisch richtigen Sätze. Man könnte sich vorstellen, daß bei jedem Kind eine Schablone aller möglichen Satzstrukturen ins Gehirn encodiert ist und daß es, um einen wirklichen Satz zu bilden und zu äußern, nicht mehr tun muß, als die passenden Wörter in die Öffnungen in dieser Schablone zu stecken.«

»Vermutlich rühren die Wörter dann daher, daß das Kind seiner Muttersprache ausgesetzt ist, und dasselbe gilt auch für die Aktivierung bestimmter Satzschablonen und die Ablehnung anderer. Richtig?« fragte Haldane.

»Ja, das ist die generelle Idee«, bestätigte Turing.

»Das scheint mir den Gedanken an die Existenz einer Art *Universalgrammatik* nahezulegen, die sämtlichen menschlichen Sprachen zugrunde liegt«, bemerkte Schrödinger.

Voller Begeisterung mischte sich nun Snow ein: »Falls Turings Theorie zutrifft, muß es eine allen Sprachen gemeinsame ›Tiefenstruktur‹ geben, das, was Schrödinger gerade eine ›Universalgrammatik‹ genannt hat. Was wir also tatsächlich bei verschiedenen menschlichen Sprachen beobachten, wäre demzufolge einfach eine *Oberflächenstruktur,* die von der jeweils gesprochenen Sprache bestimmt wird. Sie, Wittgenstein, haben wahrscheinlich mehr als jeder andere von uns über Sprache nachgedacht. Was sagen Sie zu der von Turing vorgetragenen Idee?«

Mit heftigem Kopfschütteln blickte Wittgenstein einen Moment lang zur Decke empor, bevor er sich wieder der Gruppe zuwandte. Er begann seine Attacke gegen Turings Spekulationen, indem er die anderen an seine Sicht der Sprache erinnerte, wie er sie im *Tractatus* dargelegt hatte. »Trotz ihrer Attraktivität, weil sie sich mit einigen der fundamentalsten empirischen Fragen zum Spracherwerb auseinandersetzt, glaube ich, daß Turings Theorie an denselben Mängeln leidet, die mich dazu veranlaßt haben, meine sogenannte ›Bild-Theorie‹ der Sprache zu verwerfen.«

»Wieso das?« fragte Haldane.

»Das Grundproblem bei beiden Theorien besteht darin, daß sie davon ausgehen, das menschliche Gehirn enthalte eine Art Lagerhaus für Zeichen, wobei jedes irgendeine Art sprachliches ›Atom‹ darstellt. Des weiteren postulieren diese Theorien eine Form von logischem Kalkül, welches diese Zeichen auf verschiedene Weisen kombiniert, um so einen sprachlichen Ausdruck hervorzubringen, der dann in gesprochener Sprache vokalisiert wird. In Turings Fall ist dieses logische Kalkül schlicht die inhärente Struktur seiner Universalgrammatik; im Falle meiner früheren Theorie ist das Kalkül eine neurologische Ausformung der alltäglichen Aussagenlogik. Wie ich aber bereits wiederholt gesagt habe, stecken in dieser Vorstellung von einem Kalkül fundamentale Fehler. Sprache ist sehr, sehr viel mehr als dies.«

Wittgenstein legte nun noch einmal seine Auffassung von Sprache als einem sozialen Phänomen dar, wobei er Turing dafür kritisierte, daß er diese entscheidende Komponente, aufgrund derer Sprache etwas allein dem Menschen Eigenes sei, nicht berücksichtigt habe. Nach dieser energischen und ziemlich erregten Verteidigung seiner Ansichten verfiel Wittgenstein erneut in Schweigen und zog sich in sich selbst zurück, während sich Schrödinger nach der Beschaffenheit dieser Universalgrammatik erkundigte.

»Nach dem, was Turing uns gesagt hat, hat es den Anschein, daß die Essenz der Sprache reine Syntax ist, zumindest insoweit, als die innere Struktur der Sprache in diese Universalgrammatik im Gehirn eingeschrieben ist. Falls dem so ist, sehe ich keinen entscheidenden Unterschied zwischen menschlichen Sprachen und jener Art Rechnerprogrammiersprache, die Sie vor einiger Zeit skizziert haben und bei der es um Aussagen wie ›Ersetze die 1 durch 0‹ und ›Stopp‹ geht. Beide wären sie formale Systeme, im wesentlichen nichts anderes als ein begrenzter Satz von Regeln zur Handhabung von Zeichen.«

»Das wären sie in der Tat«, erwiderte Turing. »Die interessante Frage lautete dann, welche *Art* von formalem System sie sind. Sind sie ›einfache‹ Systeme mit nur einer begrenzten Anzahl möglicher Aussagen? Oder sind sie von unbegrenzter Kapazität? Ich vermute stark, daß letzteres zutrifft. In diesem Falle aber sind viele unterschiedliche Arten von Unbegrenztheiten möglich. Und um Sprache zu verstehen, müßten wir wissen, welche dieser Möglichkeiten in das menschliche Sprachorgan encodiert ist.«

»Aber wo in Ihrem System, Turing, steckt die *Bedeutung* einer Aussage?« fragte Haldane. »Es ist gut und schön, von der Bildung grammatikalisch korrekter Sätze durch die Benutzung dieser Universalgrammatik im Gehirn zu sprechen, aber man kann sich leicht derlei Sätze ausdenken, die kompletten Unsinn beinhalten.«

»Zum Beispiel?« wollte Turing wissen.

»Wie wäre es mit ›Red thoughts walk peacefully[15]‹«, schoß Haldane zurück. »Hier haben wir ein Beispiel für eine Aussage, die nach den Regeln der englischen

15 dt.: »Rote Gedanken gehen friedlich spazieren.«

Grammatik fraglos richtig formuliert ist. Wenn Ihre Theorie richtig ist, war ich zur Konstruktion dieses Satzes imstande, weil ich die Universalgrammatik in meinem Gehirn benutzte, die auf ›englische Fassung‹ eingestellt worden ist. Sein semantischer Gehalt jedoch ist gleich Null. Wo in Ihrer Theorie findet denn nun die Tatsache ihren Platz, daß es dieser Aussage an jeglichem Sinn mangelt?«

»Ganz einfach, ich weiß es nicht«, gab Turing zu. »Was Sie meine ›Theorie‹ des Spracherwerbs und Sprachvollzugs nennen, ist in dieser Hinsicht reine Spekulation. Mir scheint einfach, daß der Gedanke an ein derartiges Sprachorgan, in dem sich eine Universalgrammatik befindet, die jedes normale Kind bei seiner Geburt mitbekommen hat, eine Möglichkeit bietet, einige der offenkundigen Mängel in den von Ihnen vorhin skizzierten Theorien zum Spracherwerb zu umgehen. Aber ich kann gewiß nicht beanspruchen, daß meine Spekulationen keine eigenen Mängel hätten.«

Da Turing in Schweigen verfiel, um über diese Mängel nachzugrübeln, fügte Schrödinger hinzu: »Warum müssen wir uns für das eine oder das andere entscheiden? Weshalb kann nicht der Spracherwerb sowohl Turings formalen Mechanismus für die Syntax wie auch ein generelles Lernvermögen beinhalten, durch das die Zeichen mit Bedeutung verknüpft werden? Ich sehe keinen logischen Grund, weshalb die Dinge nicht in dieser Weise geschehen könnten.«

Snow bemerkte, wie die Zeit verrann und daß diese Gedankengänge von dem Hauptthema wegführten, um dessentwillen er seine Gäste zu dieser Diskussion zusammengebracht hatte. Deshalb schaltete er sich nun wieder in das Gespräch ein und brachte die Debatte erneut auf ihren eigentlichen Gegenstand zurück: daß eine wirklich denkende Maschine notwendigerweise über das Vermögen zur fließenden Beherrschung einer menschlichen Sprache verfügen müsse.

»Es scheint Einigkeit unter uns zu herrschen, daß eine Rechenmaschine über menschliche Sprache verfügen muß, wenn wir ihr wirkliches Denken zuerkennen sollen.« Mit einem Blick hinüber zu Wittgenstein, der weiterhin verträumt ins Weite starrte, fuhr Snow fort: »Wie jedoch eine Maschine dieses Sprachvermögen genau erwerben könnte, darüber scheint es unter uns eine Meinungsverschiedenheit zu geben. Turing spricht sich für ein Sprachorgan im Gehirn aus, das eine universale syntaktische Struktur liefert, auf der jede spezielle Sprache aufgebaut werden kann, indem man ihr einfach ausgesetzt wird; Wittgenstein hingegen sagt uns, daß Bedeutung den Kern der Sprache ausmacht und daß diese nur in einem gesellschaftlichen Kontext erworben werden kann.«

Schrödinger unterbrach Snows Zusammenfassung mit der Bemerkung: »Trotz der Tatsache, daß Turings Theorie auf der Syntax basiert und Wittgensteins auf der Semantik, stimmen die beiden darin überein, daß der wesentliche Aspekt des Spracherwerbs ein sozialer ist: Kinder lernen eine bestimmte Sprache dadurch, daß sie einer Population von Sprechern dieser Sprache ausgesetzt sind. Deshalb ist vielleicht dies der Punkt, den wir betonen sollten, statt uns in den Details der Frage zu verheddern, auf welche Weise genau die Sprache innerhalb des Gehirns dargestellt wird.«

»Genau darauf wollte ich hinaus«, sagte ein leicht irritierter Snow. »Lassen Sie uns überlegen, wie eine

Rechenmaschine tatsächlich imstande sein könnte, menschliches Sprachvermögen zu erlangen. Haben Sie irgendwelche Vorstellungen, wie das geschehen könnte, Turing?«

»Ich sagte vorhin, einer der ermutigendsten Gründe für die Annahme, daß eine denkende Maschine machbar ist, sei die Möglichkeit, Apparate zu bauen, die alle einzelnen Bestandteile eines Menschen nachahmen. Wenn wir also versuchen, eine Maschine mit menschlichem Sprachvermögen zu bauen, ist es vernünftig, daß eine mögliche Vorgehensweise lautet, sich so eng wie möglich an das menschliche Vorbild zu halten.«

»Nicht *allzu* eng, hoffe ich«, kommentierte Schrödinger trocken. »Ich bin mir alles andere als sicher, wie sehr mir daran gelegen wäre, daß in einer kalten Winternacht eine Rechenmaschine es sich neben mir gemütlich machen würde.«

»Ha!« fuhr ihn Haldane an. »Es müßte schon eine *sehr* kalte Winternacht sein, Schrödinger, bevor Ihnen so etwas zustieße.«

Turing, den diese kaum verhüllte und ziemlich unverfrorene Anspielung auf Schrödingers allseits bekannte sexuelle Neigungen vor Peinlichkeit erröten ließ, begann rasch zu erläutern, daß er nicht diese Art Nachahmung des Menschen im Sinne gehabt habe. Er war mit seiner Klarstellung noch nicht weit gekommen, da bekam er einen seiner Stotteranfälle und war genötigt, für einen Schluck Wasser zu pausieren, bis er sich wieder gefaßt hatte. Einige Augenblicke später hatte er sich wieder unter Kontrolle und fuhr fort:

»Beginnen sollten wir mit einer Maschine mit sehr geringer Kapazität zur Ausführung komplizierter

Operationen oder zur disziplinierten Reaktion auf äußere Reize. Wenn man dann im weiteren in geeigneter Weise von außen eingriffe – indem man also letztlich Erziehung nachahmte –, bestünde die Hoffnung, die Struktur der Maschine so weit zu modifizieren, bis sie verläßliche und eindeutige Reaktionen auf bestimmte sprachliche Umstände zustande brächte. Das wäre der Beginn des Prozesses. Wie er dann weitergehen könnte, ist im Moment sehr schwer vorstellbar.«

»Haben Sie irgendwelche derartigen Experimente mit den Maschinen in Ihrem Labor in Manchester durchgeführt?« fragte Haldane nach.

»Das haben wir tatsächlich«, antwortete Turing mit einem gewissen Stolz. »Die Schulung eines Kindes hängt weitgehend von einem System aus Belohnen und Bestrafen ab, was den Gedanken nahelegt, daß es möglich sein sollte, die Organisation einer anfänglich unorganisierten Maschine mit nur zwei eingreifenden Eingaben durchzuführen: eine für ›Lust‹, die andere für ›Schmerz‹. Wir haben mit einer ganzen Reihe solcher Lust-Schmerz-Systeme experimentiert.«

»Ohne in die technischen Einzelheiten zu gehen, frage ich mich, ob Sie uns erläutern könnten, wie diese Systeme arbeiten?« fragte Schrödinger mit neugierig gehobenen Augenbrauen.

»Generell gesagt, sind alle diese Systeme in mehr oder weniger derselben Weise aufgebaut. Die Konfigurationen der Maschine werden durch zwei Ausdrücke beschrieben, die wir als den ›Charakter-Ausdruck‹ und als den ›Situations-Ausdruck‹ bezeichnen. Charakter und Situation zu jeder gegebenen Zeit bestimmen zusammen mit den Eingabesignalen aus der Umwelt Charakter und Situation im nächstfolgenden

Zeitpunkt. Ein Lust-Stimulus hat die Tendenz, den Charakter zu festigen, während Schmerz-Stimuli den Charakter stören, indem Eigenschaften, die in einen fixierten Zustand gelangt waren, zu Veränderungen veranlaßt werden.«

Snow merkte an: »Diese Definition klingt zu vage und allgemein, als daß man damit viel anfangen könnte.«

»Wahrscheinlich haben Sie recht«, räumte Turing ein. »Aber der Gedanke ist der, daß wir es als eine Veränderung in der Maschine auffassen, wenn der Charakter sich ändert, während es sich bei der Situation doch bloß um die durch den Charakter umschriebene Konfiguration der Maschine handelt. Es ist nun beabsichtigt, daß es zu Schmerz-Stimuli kommt, wenn sich die Maschine falsch verhält, während Lust-Stimuli stattfinden, wenn sie richtig funktioniert. Bei geeigneten Reizen ist zu hoffen, daß sich der Charakter in Richtung erwünschtes Verhalten bewegt und falsches Verhalten immer seltener wird.«

Im weiteren legte Turing nun die Organisation eines solchen Systems dar, bei dem man die Maschine zunächst einmal für lange Zeit unter permanenter Eingabe von Schmerzreizen laufen ließ und zugleich diverse sensorische Daten veränderte. Obwohl sich das Verhalten der Maschine schließlich dahingehend entwickelte, daß selten, wenn überhaupt, ›falsche‹ Aktionen vorkamen, verlief diese Lerntechnik, wie Turing der Gruppe berichtete, nicht in enger Analogie zu jenem Prozeß, mit dem ein Kind unterrichtet würde. Er glaube deshalb nicht, daß dieses Experiment der richtige Weg sei, einer Maschine Sprachfähigkeiten beizubringen.

»Lassen Sie mich sehen, ob ich dieses Experiment richtig verstehe«, sagte Wittgenstein in trügerisch sanftem, fast unterwürfigem Tonfall. »Sie statten also eine Maschine mit dem gesamten Sinnesapparat eines Menschen aus – Augen, Ohren, einer Nase zum Riechen und einer Haut zum Fühlen – und plazieren diesen Roboter in eine menschliche Umwelt. Wenn diese Maschine nun der Sprache dieser menschlichen Gemeinschaft ausgesetzt ist, wird sie Ihrer Meinung nach durch die Neukonfiguration der elekronischen Schaltkreise, aus denen ihr Gehirn besteht, Sprachfähigkeit erwerben. Ist das Ihr Plan, Turing?«

»Mehr oder weniger, ja«, entgegnete Turing.

»Ist ja absolut grotesk«, rief Wittgenstein ungläubig aus. »Gedanken – bedeutungsvolle sprachliche Ausdrücke eingeschlossen – lassen sich nur Geschöpfen zuschreiben, die einer Lebenswelt angehören, in der diese Ausdrücke einen Sinn haben. Der Begriff ›Schmerz‹ ist durch seine spezifische Funktion in unserem Leben charakterisiert. Wir können nur dann eine Empfindung ›Schmerz‹ nennen, wenn sie diese Stellung, diese Verbindungen zu unserem Leben hat. Sie können zwar das Verhalten Ihrer Maschine als *Schmerz* etikettieren, aber mit dem, was wir Menschen ›Schmerz‹ nennen, hat das nicht mehr zu tun, als wenn Sie ihm das Etikett ›Lust‹, ›Humor‹, ›Freude‹ oder ›Trauer‹ aufklebten. Die Maschine kann nicht *verstehen,* was Sie mit ›Schmerz‹ meinen, so wenig, wie sie diese anderen menschlichen Emotionen zu verstehen vermag. Und ohne ein derartiges Verständnis läßt sich nun gewiß nicht sagen, daß eine Maschine über Sprachfähigkeit verfügt.«

Kaum hatte Wittgenstein seinen Ausbruch gegen

die Möglichkeit, eine Maschine könne jemals echtes menschliches Sprachvermögen erwerben, zu Ende gebracht, als Simmons an der Tür erschien und Snow ein diskretes Zeichen gab, daß er nun das Dessert servieren könne. Snow, dem nicht entgangen war, daß die widerstreitenden Ansichten zum Spracherwerb durch eine Maschine von wirklichen Tatsachen allmählich zu vagen, persönlichen Meinungen verkamen, hielt dies für einen günstigen Moment, die Diskussion wieder in produktivere Bahnen zu lenken.

»Meine Herren, ich sehe, wie Simmons mir von der Tür her Zeichen gibt. Vielleicht ist das ein Signal, unsere Aufmerksamkeit von der Sprache zu einer anderen, ebenso faszinierenden kulturellen Konstruktion des Menschen zu lenken: den kulinarischen Künsten. Darf ich also vorschlagen, daß wir eine Pause einlegen und ihn die Teller wegräumen und das Dessert servieren lassen? Sowohl Turing als auch Wittgenstein haben geäußert, daß der isolierte Mensch keine geistigen Fähigkeiten entwickelt, ob es sich nun um Sprache oder um etwas anderes handelte. Wenn wir wieder zusammenkommen, würde ich deshalb gern die Entwicklung anderer Aspekte der menschlichen Kultur neben der Sprache aufgreifen – Dinge wie die Religion, die Kunst, die Literatur und andere schöpferische Artefakte. Ich hege die Vermutung, daß eine solche Diskussion noch einmal ein anderes Licht auf die Frage werfen wird, ob Maschinen jemals jene Art Intelligenz erwerben können, die wir mit Menschen assoziieren.«

# *Kapitel Sechs: Dessert*

## LEBEN UND PERSÖNLICHKEIT

Simmons schob ein Dessert-Wägelchen herein und gab jedem ein hohes, mit gekochten Haferflocken und Früchten gefülltes Glas, verziert mit einem großzügigen Häubchen Schlagsahne und das Ganze übergossen mit einem Schuß schottischen Malz-Whisky.

»Aha«, rief Haldane aus und klatschte anerkennend in die Hände. »Ein Flammeri nach schottischer Art. Ich muß Ihnen wirklich ein Kompliment machen, Snow, daß Sie das perfekte Dessert zum glanzvollen Abschluß dieses ausgezeichneten Essens gewählt haben.«

»Vielleicht versüßt es uns ein bißchen die Diskussion«, gab Snow trocken zurück. »Bei unseren Überlegungen ging es vor allem um die Rolle der Sprache für das Denken, aber ich frage mich, inwieweit gesellschaftliche Werte und Kulturelles in all dies hineinspielen. Wenn die Sprache für das menschliche Denken derart wichtig ist, dann muß das auch für andere kulturelle Dinge gelten. Schließlich ist Sprache nur ein Ausdruck einer Kultur, wenn auch ein einzigartig wichtiger und sichtbarer.«

»Das ist sie wirklich«, fügte Schrödinger hinzu. »Ich glaube, es war Ihr britischer Schriftsteller George Orwell, der einmal gesagt hat: ›Die politische Struktur bestimmt die Sprache, und die Sprache bestimmt das Denken.‹ Wenn er damit recht hat und wir uns zu Recht auf die Sprache als das zentrale Moment des menschlichen Denkens konzentrieren, dann muß jede Diskussion über Maschinen, die wie Menschen denken, kulturelle und gesellschaftliche Faktoren mitberücksichtigen.«

Wittgenstein schob seinen Flammeri beiseite und antwortete auf diese Gedanken mit der Bemerkung: »Nehmen wir dieses seltsame Dessert, das wir gerade vorgesetzt bekommen haben. Haldane sagt, es sei eine schottische Mischung. Wie kommt er darauf? Weshalb ist es ihm sofort als etwas Schottisches erkennbar und Schrödinger und mir nur als ein Gemisch aus Getreide, Obst, Sahne und Whisky? Es liegt einfach daran, daß Haldane mit schottischer Kultur vertraut ist und folglich diese Mixtur als etwas Schottisches sieht; ich andererseits habe kein derartiges Bild in meinem Kopf. Deshalb kommt mir nie der Gedanke an Schottland und schottische Whiskybrennereien in den Sinn. Was wir sehen, hängt davon ab, wo wir gewesen sind und von der Gesamtheit unserer Lebenserfahrungen. Damit mir eine von Turings Maschinen weismachen kann, sie sei Haldane, müßte sie also *dieselben* Lebenserfahrungen wie Haldane gemacht haben. Für das Denken kommt es auf Sprache an, und Sprache ist einfach nur eine in Worte gefaßte Kultur.«

Bevor Wittgenstein sich so recht in seinem Thema ausbreiten konnte, unterbrach ihn Schrödinger mit der Bemerkung: »Das Argument scheint mir darauf hinauszulaufen, daß eine Population intelligenter Maschinen der von Turing vorgeschlagenen Art all die kulturellen Merkmale entwickeln müßte, die wir in menschlichen Populationen antreffen. Mindestens müßten sie aber Dinge wie Religion, die Kunst, Sprache und so weiter entwickeln, damit überhaupt die Chance bestünde, daß wir ihre Intelligenz als ›menschlich‹ erachteten.«

Prompt schnappte sich Turing den in dieser Bemerkung versteckten Köder und unterstrich noch einmal seine Behauptung, daß diese intelligenten Maschinen mit den bestmöglichen Sensor-Apparaten, die für Geld zu haben sind, ausgerüstet sein müßten, um ihre Umwelt zu erkunden und daraus zu lernen, genauso, wie es Menschen tun.

»Über eine *einzige* Maschine oder einen ›Roboter‹ dieser Art zu sprechen ist aber etwas völlig anderes, als wenn man von einer *Population* solcher Geräte spricht«, warf Snow ein. »Anfänglich dachte ich, wir sprächen über ersteres. Seit wir aber über Sprachvermögen und Kultur als Kennzeichen menschlicher Intelligenz debattieren, scheinen wir zu letzterem übergegangen zu sein. Was mich anbetrifft, vermag ich nicht zu erkennen, wie man sinnvollerweise über Kultur sprechen kann, die auf einer von einem einzigen Menschen – oder meinetwegen auch von einem einzelnen Roboter – bewohnten einsamen Insel entsteht. Wie denken Sie darüber, Haldane? Sie sind hier der Experte dafür, wie Organismen entstehen und Populationen sich entwickeln.«

»Vor ein paar Jahren habe ich geäußert, der Ursprung des Lebens sei in großen, organischen Molekülen zu finden, die in den Ozeanen der frühen Erdzeit wahrscheinlich in großer Fülle vorhanden waren. Indem diese Moleküle in dieser dünnen organischen ›Suppe‹ herumschwammen, konnten sie in einem der Kristallisation ähnlichen Prozeß miteinander interagieren und sich dadurch vermehren, daß sie ähnliche Moleküle aus einfacheren Bauteilen zusammenbauten. Leben würde demnach erst beginnen, wenn eine gewisse Anzahl derartiger Moleküle mehr oder weniger dauerhaft miteinander verbunden wären.«

»Das hieße«, sagte Schrödinger, »daß ein Bakterium, das man zerlegt und dessen Einzelteile man durch einen Filter passieren läßt, aufhören würde zu leben; würde man jedoch das Filtrat wieder zu einer Bakterie zusammenbauen, würde das Leben vielleicht wieder von neuem beginnen. Richtig, Haldane?«

»Völlig richtig«, sagte der Biologe. »Leben ist ein Resonanzphänomen zwischen Molekülen.«

Worauf Turing hinzusetzte: »Die meisten höheren Pflanzen und Tiere lassen sich bis zu einem gewissen Grad zerteilen, ohne daß man sie damit tötet. Eine lebende Zelle jedoch kann nicht in dieser Weise zerteilt werden; zerschneidet man sie, wird ihr Funktionieren als lebendiges Objekt zerstört. Das scheint mir darauf hinzudeuten, daß die Zelle eine bei weitem fundamentalere Lebenseinheit ist als der gesamte vielzellige Organismus.«

Haldane, der zunehmend Gefallen an dem Thema fand, antwortete genüßlich: »Genauso ist es. Genau das ist aber auch zu erwarten, wenn Leben ein Resonanzphänomen zwischen Molekülen und nicht zwischen größeren Strukturen ist. Wie ich mich erinnere, haben Sie, Schrödinger, in Ihrem Bändchen *Was ist Leben?*, das heutzutage viel Beachtung findet, weitgehend dieselbe Ansicht geäußert.«

Bevor Schrödinger antworten konnte, ging Wittgenstein dazwischen und sagte. »Nehmen wir einmal an, Sie haben recht und lebendige Prozesse wären erstmals in Ihrer ›Ursuppe‹ in Gang gekommen. Wie steht es aber mit dem Bewußtsein? Wann entwickelte sich eine simple Bakterie zu etwas, von dem man sagen könnte, daß es über Bewußtsein verfügte?«

Haldane antwortete mit der Bemerkung, auch das Bewußtsein sei, wie das Leben, ein Resonanzphänomen. Allerdings eine Resonanz zwischen Ansammlungen von größeren Objekten als bloßen Atomen, vielleicht von Zellhaufen, die periodische elektrische Störungen durchließen.

»Es gibt aber keinen Grund, solchen Organismen wie Protozoen oder höheren Pflanzen Bewußtsein zuzuerkennen, und bei Tieren, einige wenige ausgenommen, ist es wahrscheinlich allenfalls in äußerst rudimentärer Form vorhanden«, fügte Haldane mit Bedacht hinzu. »Nach meiner Auffassung ist Bewußtsein nicht irgendein mysteriöses Phänomen, das der Materie wie eine Art Spitze aufsitzt, sondern eine separate Entität, die mit gewöhnlichen materiellen Systemen interagiert.«

Turing erhob sich von seinem Stuhl, um zu widersprechen; eine solche Sicht des Bewußtseins laufe auf die Behauptung hinaus, daß die Erforschung geistiger Phänomene nicht mehr dem Aufgabenbereich der Wissenschaft zugehöre, da Haldanes Auffassung die Existenz von Bewußtsein zu einer Frage der Metaphysik mache.

Snow, der spürte, daß die Diskussion dabei war, in eine langatmige Debatte über metaphysische Spekulationen zur Frage des Bewußtseins abzugleiten, unterbrach Turings Einwände, noch bevor sie sich voll entfalten konnten. »Lassen Sie uns darüber nachdenken, wie all dieses Reden über die Ursprünge von Leben und Bewußtsein mit der Frage zusammenpaßt, die wir hier zu diskutieren haben«, sagte er. »Was hat dies damit zu tun, ob wir eine Maschine bauen können, die denkt?«

»Um herauszufinden, wie Leben und Bewußtsein – oder, wenn Sie wollen, wie zu leben und zu denken – miteinander verschränkt sind, müssen wir erst einmal genauer verstehen, was lebendige von nichtlebendigen Dingen unterscheidet«, erwiderte Schrödinger. »In welcher Weise *genau* erachten wir diese Fliege, die um unseren Tisch brummt, als lebendig und gestehen ebendiese Eigenschaft nicht auch diesem Stuhl, auf dem ich sitze, zu?«

»Tut mir leid, Schrödinger, aber mir ist nur nicht klar, weshalb wir Leben definieren müssen, ehe wir die Möglichkeit einer denkenden Maschine erörtern können. Was hat denn die Definition von Leben mit dieser Frage zu tun?« wollte Snow wissen.

»Ich glaube, wir waren uns alle einig, daß eine Maschine, die das ganze Spektrum menschlicher Intelligenz aufweisen soll, über das ganze Spektrum des menschlichen Sinnesapparats verfügen müßte, so daß sie – weitgehend so, wie es Kinder tun – mit der Welt interagieren und über das menschliche Leben lernen könnte«, gab Schrödinger als Antwort zurück.

»Das scheint in der Tat unser gemeinsamer Standpunkt zu sein«, stimmte Turing zu.

»Nun gut«, fuhr Schrödinger fort. »Wie können Sie aber all diese sensorischen und informationsverarbeitenden Fähigkeiten haben, die zu Kognition führen, und die Frage ignorieren, welche Art Objekte genau über sie verfügen können? Soweit wir wissen, vereinigen nur Lebewesen Sinnes- und Informationsverarbeitung in einem Ausmaß, das ihnen kognitives Bewußtsein verleiht. Deshalb wäre es vielleicht ein nützlicher Schritt, sich zu fragen, was lebendig ist und was nicht.«

»Ich sehe, worauf Sie hinauswollen«, räumte Snow ein. »Vielleicht ließe sich die Frage konkretisieren, wenn Sie uns eine gewisse Vorstellung davon gäben, worin Sie die ›Fingerabdrücke‹ sehen, die einen belebten Organismus kennzeichnen.«

Nur zu gern folgte Schrödinger dieser Aufforderung. »In meinen Vorträgen, die ich vor kurzem in Dublin gehalten habe, habe ich mich auf die Fähigkeit lebender Dinge als Informationsträger konzentriert. Dabei habe ich mich insbesondere mit der Frage beschäftigt, wo *genau* die lebende Zelle die Information speichert, die sie benötigt, um zum Weiterleben des Organismus eine Kopie von sich herzustellen. Meine vorläufige Schlußfolgerung lautet, daß diese Information in einer nichtperiodischen Kristallstruktur innerhalb der Proteine gespeichert ist, aus denen jede lebende Zelle besteht.«

»Aber weshalb legen Sie soviel Wert auf diese Frage der Informationsspeicherung?« fragte Snow.

»Hauptsächlich deshalb, weil die wichtigsten funktionalen Aktivitäten, die lebende Organismen charakterisieren, allesamt von der Verfügbarkeit von Informationen abhängen. Wo die Information gespeichert ist und wie die Zelle davon Gebrauch macht, ist deshalb das Schlüsselelement.«

»Welche Arten von Aktivitäten unterscheiden nach

Ihrer Meinung lebende von nichtlebenden Dingen?« fragte Turing.

»In meinen Augen sind es drei Eigenschaften, die Sie, Turing, von einem Stein auf der Straße unterscheiden. Die erste ist, daß Sie über einen *Metabolismus* verfügen, mit dessen Hilfe Sie Energie aus der Umwelt aufnehmen und zum Zweck ihres eigenen Überlebens verarbeiten. Als nächstes sind in Ihre Zellen Verfahren zur *Selbstreparatur* eingebaut, für den Fall, daß Ihre zelluläre Maschinerie aus dem Ruder zu laufen beginnt. Und schließlich sind Ihre Zellen zur *Replikation* imstande, insofern sie gute – wenn auch nicht notwendigerweise perfekte – Kopien ihrer selbst herstellen können.«

»Sie behaupten also, die funktionalen Aktivitäten, die Lebewesen von nichtlebenden Dingen unterscheiden, seien Metabolismus, Selbstreparatur und Replikation?« fragte Haldane.

»Genau das«, bestätigte Schrödinger.

An diesem Punkt unterbrach Wittgenstein Schrödingers Lektionen über das Lebendige mit der Frage: »Sie können doch nicht im Ernst meinen, daß eine Maschine einfach dadurch, daß sie über diese Eigenschaften des Lebendigen verfügt, zugleich auch menschliche kognitive Fähigkeiten erwerben würde?«

»Nichts dergleichen behaupte ich«, schoß Schrödinger zurück. »Diese Eigenschaften sind für Leben notwendig. Über sie zu verfügen heißt aber fraglos noch längst nicht, daß ein Organismus in kognitiver Hinsicht in irgendeiner Weise einem Menschen ähnlich wäre.«

»Das denke ich doch auch«, schnaubte Haldane. »Selbst ein niederes Bakterium weist die Merkmale auf, die nach Schrödinger für Lebewesen charakteristisch sind. Und ich hätte gewiß etwas dagegen, daß meine gedanklichen Prozesse mit denen eines Bakteriums gleichgesetzt werden. Keinem von uns hier ginge es anders, wage ich zu behaupten.«

Erneut schritt Snow ein, um die Diskussion auf ihr Hauptthema zurückzulenken, nämlich, welche Eigenschaften eine Maschine haben müßte, um als denkendes Wesen betrachtet zu werden. Biologie ist gut und schön, dachte er, aber zum Menschsein gehört mehr als bloß organisierte Chemie. Wie steht es mit Moral, Ethik oder gar der Identitätsfrage? Was heißt es, eine Person zu sein? fragte er sich. Und was hat persönliche Identität damit zu tun, wie ein Mensch zu denken? Ihm schien dies ein Punkt zu sein, der es wert war, daß man ihn der Gruppe zur Diskussion stellte.

»Lassen Sie mich die Diskussion von der Biologie auf einen Bereich bringen, der, glaube ich, nur als Philosophie betrachtet werden kann«, begann er. »Ich hätte gern Ihre gesammelte Weisheit zur Frage der Persönlichkeit von Maschinen. Angenommen, die Ingenieure und andere Wissenschaftler brächten es fertig, ein Gerät mit einem sensomotorischen Apparat der von Turing vorgeschlagenen Art zu konstruieren und diese Maschine sogar mit allen drei Eigenschaften des Lebendigen auszustatten, von denen Schrödinger sprach. Wäre von einer solchen Maschine zu erwarten, daß sie zu einem denkenden Wesen ›heranwüchse‹, das wir schließlich als eine ›Person‹ erachten würden? Oder ist dies eine Art anthropomorpher Phantasterei?«

Kaum hatte Snow diese Worte gesprochen, da schoß Wittgenstein wie von der Tarantel gestochen in seinem Stuhl nach vorn. »Es ist völlig undenkbar, Snow«, rief er aus, »anzunehmen, daß eine Maschine – selbst eine mit all den phantastischen Eigenschaften, die Sie ihr mitgegeben haben – als eine ›Person‹ gelten könnte. Die ganze Idee ist eine ungeheuerliche Verwirrung der Kategorien. Es wäre so, als ob man von der Zahl 7 sagte, sie sei ›grün‹. Bei irgendeinem anderen Objekt als einem Menschen aus Fleisch und Blut an Persönlichkeit zu denken, ist schlechterdings ausgeschlossen.«

Gänzlich unbeeindruckt von diesem typisch Wittgensteinschen Ausbruch, gab Haldane zurück: »Moment mal, Wittgenstein. Ich denke, wir sollten erst einmal erörtern, was wir unter Persönlichkeit *verstehen,* bevor wir schlußfolgern, daß nicht auch eine Maschine sie haben könnte.«

»Ganz meine Meinung«, mischte sich Turing ein. »Wie können Sie ohne Rücksicht darauf, was es bedeutet, eine Person zu sein, sagen, daß eine denkende, lebende Maschine der von Snow beschriebenen Art keine solche sein kann? Es ist einfach verbohrtes logisches Denken, dies gleichsam per Erlaß zu behaupten, ganz zu schweigen davon, daß es auch schlechte Philosophie ist.«

»So lassen Sie uns denn nun wirklich besprechen, was es heißt, eine ›Person‹ zu sein«, sagte Snow. »Fällt Ihnen dazu etwas ein, Schrödinger?«

Schrödinger rutschte auf seinem Stuhl hin und her und blickte leicht verwirrt zu Snow hinüber, während er gelangweilt mit seinem Dessertlöffel spielte. Nach einigen Augenblicken des Schweigens begann er, sich stockend der ihm von Snow gestellten Aufgabe zu stellen und davon zu sprechen, was es bedeutet, eine Person zu sein.

»Lassen Sie mich gleich zu Beginn sagen, daß ich dieses Thema als ein zweigeteiltes ansehe. Da ist erstens das Problem der *personalen Identität.* Was ist es, das uns die Aussage erlaubt, daß eine Person durch die Zeit hin *dieselbe* Person ist? Dies führt direkt zu dem Gedanken, den wir bisher erörtert haben, nämlich zum Konzept der Persönlichkeit von Personen.«

»Wie kann denn personale Identität ein Problem sein?« wunderte sich Turing. »Ist nicht die Identität einer Person über die Zeit hin eine der fundamentalsten Wahrheiten überhaupt? Denken Sie doch nur an all die Implikationen, die eine Änderung dieser Sicht im gesamten System unserer Auffassungen mit sich bringen würde.«

»Wohl wahr«, erwiderte Schrödinger. »Genau deshalb müssen wir uns über diesen Begriff im klaren sein, bevor wir uns in eine solche Diskussion hineinbegeben. Andernfalls stecken wir in einem ausweglosen Kuddelmuddel. *Was genau* läßt mich also sagen, daß der Wittgenstein, den ich hier und jetzt sehe, dieselbe Person ist, mit der ich vor ein paar Stunden die Treppe heraufgekommen bin?«

»Oder übrigens auch derselbe Wittgenstein, dem Sie vor einem Jahrzehnt in Österreich begegnet sind«, fügte Haldane hinzu.

»Wenn mein Gedächtnis mich nicht im Stich läßt«, ging Snow dazwischen, »gibt es dazu zwei traditionelle Theorien. Die erste besagt, daß eine Person in erster Linie ein physischer Organismus in einem flukturierenden Zustand ist. Folglich kommt die Identität einer Person der Identität dieses physischen Systems gleich. Wir könnten uns das als die ›Körper‹-hälfte des Descarteschen Körper-Geist-Dualismus denken. Die andere Theorie behauptet, was für das Personsein zählt, sei die Kontinuität geistiger Zustände. Das wäre dann die ›Geist‹-hälfte der Persönlichkeit.«

»Der mit dem Körper befaßte Theoretiker sagt demnach folgendes: Wenn Snow ein kleiner, dünner Chinese war, als Sie ihn letztmals sahen, und wenn jetzt eine großgewachsene Irin an die Tür käme und behauptete, Snow zu sein, dann hätten wir keinen Grund, ihre Behauptung ernst zu nehmen. Sie würden vielmehr sagen, das sei ausgeschlossen, und ihr die Tür vor der Nase zuschlagen. Personen *sind* physische Organismen, und damit hat sich's. Stimmt's, Snow?« fragte Haldane.

»Sie haben in Ihrem unnachahmlichen Stil tatsächlich das Wesentliche der Körper-Theorie getroffen«, gab Snow zurück.

Da Wittgenstein sich bei diesem Wortwechsel leicht zusammenkrümmte, erkundigte sich Turing nach der Sicht eines Anhängers der Geist-Theorie. »Nach meinem Verständnis sagt der Geist-Theoretiker, daß diese Art eines auf den Körper abstellenden Argumentierens ein operationales Prinzip mit einer theoretischen Einsicht verwechselt. Statt sich auf die physische Struktur zu versteifen, würde ein Geist-Theoretiker sagen, es sei durchaus vorstellbar, daß man eines Morgens erwacht und entdeckt, daß man einen gänzlich neuen Körper hat.«

»Genau dies war die Prämisse von Kafkas berühmter Geschichte ›Die Verwandlung‹«, bemerkte Schrödinger, »in welcher der Held, Gregor Samsa, eines Morgens aufwacht und merkt, daß er in ein riesiges Insekt verwandelt worden ist.«

»Gewiß ein lehrreiches Beispiel«, fuhr Turing fort. »Wenn wir ein derartiges Geschehen für nicht völlig unmöglich halten, dann, so scheint mir, ist unsere Vorstellung von dem, was eine ›Person‹ ausmacht, nicht gänzlich an unsere Konzeption von der Körperlichkeit einer Person gebunden. Andernfalls wäre dieses kafkaeske Szenario völlig undenkbar.«

»Aber was verstehen Sie unter ›geistiger Kontinuität‹?« wollte Schrödinger wissen.

Snow erinnerte daran, daß der Philosoph John Locke der Meinung gewesen war, das Gedächtnis mache die eigentlich relevante geistige Kontinuität aus, und behauptete dann, es sei das Gedächtnis, was vergangene Erfahrungen eines Individuums mit seinem gegenwärtigen Bewußtsein verknüpfe, und zwar gerade auf solche Weise, daß sie sich nicht mit dem Bewußtsein irgendeines anderen Individuums in Verbindung bringen ließen.

Wittgenstein, der angesichts einer in seinen Augen völlig fehlgeleiteten Diskussion nicht mehr länger schweigen konnte, fixierte Snow mit stählernem Blick und fragte: »Und was wäre, wenn es eine ›bewußtseinslöschende Technik‹ gäbe, mit der man das Gedächtnis eines Individuums ohne körperliche Beeinträchtigung auslöschen könnte? Angenommen, eine Gesellschaft setzte dieses Ausradieren des Gedächtnisses als Alternative zur Todesstrafe ein. Jetzt frage ich Sie, Snow, was hätten Sie lieber: den Organtod durch die üblichen Barbareien, wie etwa den Henker, oder, daß man Ihr Bewußtsein ausradiert?«

Snow spähte unter seiner schweren Hornbrille hindurch zu Wittgenstein hinüber und erwiderte: »Ich sehe keinen wirklichen Grund, das eine dem anderen vorzuziehen. Wie käme ich besser davon, wenn mein Hirn ausradiert würde?«

»Das klingt nach einem Hintertürchen-Argument zugunsten der Theorie der geistigen Kontinuität«, merkte Turing an. »Sie scheinen damit zu sagen, daß die körperliche Kontinuität wenig wert ist, wenn die geistige zerstört ist.«

»Einen Moment mal«, unterbrach Haldane. »Bevor wir diese voreilige Schlußfolgerung ziehen, sollten wir den Standpunkt, den die Theoretiker der körperlichen Kontinuität vertreten, ein bißchen genauer unter die Lupe nehmen.«

Haldane merkte daraufhin an, es sei nichts Ungewöhnliches, wenn Menschen Körperteile fehlen, ohne daß unsere Wahrnehmung ihrer Persönlichkeit davon auch nur im geringsten berührt werde. »Menschen verlieren ein Bein im Krieg oder ein Auge nach einer Infektion, ohne daß wir auch nur im entferntesten auf den Gedanken kämen, daß der Betreffende dadurch zu einer anderen Person geworden sei. Was die personale Identität betrifft, scheint nur das Gehirn zu zählen. Es ist demnach die Kontinuität des Gehirns und nicht die körperliche Kontinuität insgesamt, die die Theorie der geistigen Kontinuität stützt. In diesem Sinne ist die geistige Kontinuität letztlich doch wichtiger als die körperliche.«

»Na schön«, sagte Turing. »Wenn es nur auf das Gehirn ankommt, will ich mal das folgende Gedankenexperiment anstellen. Denken wir uns eine detaillierte Karte mit all den Neuronen, Synapsen und sämtlichen anderen Verbindungen in Haldanes Gehirn. Angenommen, ich ersetze nun jede dieser Komponenten durch ein elektronisches Gegenstück – Vakuumröhren, Widerstände und so weiter –, alle in exakt derselben Weise miteinander verbunden wie die Komponenten in Haldanes Gehirn. Dann dürfte doch eigentlich diese elektronische Kopie von Haldanes Gehirn nicht nur *genau wie* Haldane denken – nach der Theorie von der körperlichen Kontinuität müßte sie Haldane sein.«

Schrödinger setzte hinzu: »Mit dieser erstaunlichen Phantasieleistung, Turing, behaupten Sie im Grunde, daß Haldanes Geisteszustände das Ergebnis rechnerischer Fähigkeiten des Gehirns sind. Sie wären also Gehirnprozesse, was dann hieße, daß personale Identität einfach nur ›Prozeß-Identität‹ wäre.«

Als Antwort auf Schrödingers kluge Bemerkung äußerte Turing: »Wenn zutrifft, was Sie sagen, wäre es mir prinzipiell möglich, den funktionalen Zustand meines Gehirns zu einem gegebenen Moment auf eine Rechenmaschine zu übertragen und diese Maschine aufzufordern, die Prozesse meines Gehirns fortzuführen.«

»Damit«, sagte Snow, »wäre mit dem Abschluß dieser Datenübertragung und der ›Reaktivierung‹ Ihrer Hirnprozesse dieses neue System also in jeder anderen als der rein materiellen Hinsicht Turing. Die Geisteszustände der Maschine würden einfach dort weitermachen, wo Turing aufgehört hätte, so ähnlich wie meine Geisteszustände am Morgen den Faden dort wieder aufnehmen, wo sie aufgehört haben, als ich am Abend zuvor einschlief.«

Abermals ließ sich Wittgenstein den Köder nicht entgehen und hielt dagegen: »Diese Gleichsetzung des Gehirns mit einer Rechenmaschine bietet nicht weniger als eine Art Unsterblichkeit. Sobald ›Sie‹ erst einmal in einem Programm und einem Datensatz eingefangen sind, werden Sie nicht vergehen, solange es Rechenmaschinen gibt, die komplex genug sind, Sie zu empfangen und Ihr Programm auszuführen. Was für ein horrender Blödsinn!«

»Wie meinen Sie das?« fragte Snow.

»Angenommen, Turing hätte sich dafür entschieden, im Augenblick seines Todes sein Gehirn in eine Maschine zu kopieren. Statt es in eine Maschine zu kopieren, entscheidet sich aber ein cleverer Ingenieur dafür, dabei kein Risiko einzugehen, und veranlaßt, daß es gleichzeitig in *zwei* Maschinen kopiert wird. Nun haben wir mit einem Schlag zwei Turings, die in funktionaler und mechanischer Hinsicht ununterscheidbar sind.«

»Na und?« sagte Haldane. »Um so besser, würde ich sagen, denn von jetzt an wird Turing zwei Körper statt nur einen haben, und er könnte doppelt so viele Erfahrungen machen.«

Verzweifelt rang Wittgenstein die Hände und sank, das Gesicht vor Entrüstung verzogen, in seinen Stuhl zurück. Bevor er aber noch auf Haldane antworten konnte, war Schrödinger schon mit der Bemerkung dazwischengegangen. »Nein, das führt zu nichts. Ich sehe, was Wittgenstein meint – und es ist ein subtiler Punkt. Turing hatte nur eine Kopie vorgehabt, und diese Kopie würde er *sein.* Jetzt aber gibt es zwei Kopien, die nicht beide Turing sein können. Wer anders denkt, begeht einen groben Verstoß gegen die elementare Logik. Denn angenommen, daß T Turing vor seinem Tod ist, während A und B die beiden Kopien sind. Nach Wittgensteins Szenario müßten dann A und B ein und dasselbe Individuum sein. Das aber widerspricht der Vernunft, da A und B zwei unterschiedliche Individuen sind, so ähnlich sie sich auch sein mögen.«

»Ja. Ich verstehe jetzt, was Sie meinen«, gab Haldane zu. »Ein Anhänger der Sicht, wonach das Gehirn eine Art Rechenmaschine ist, würde behaupten, A sei T. Und was immer als Rechtfertigung für diese Behauptung vorzubringen wäre, es wäre gleichfalls Rechtfertigung für die Aussage, B sei T. Es kann jedoch kein Argument für die Aussage geben, A sei B. Nun, vielleicht zeigt dies nur, daß dieser Gedankengang ein Irrweg ist.«

»Da bin ich mir nicht so sicher«, sagte Snow. »Diese Art Teilungsproblem ist nicht auf diese Sichtweise beschränkt, sondern gilt für jede Beschreibung von Persönlichkeit, die geistige Kontinuität auf der Basis der Kontinuität eines Prozesses und nicht einer Wesenheit erklärt.«

Im weiteren erläuterte Snow nun den Unterschied zwischen der Teilung etwa eines Kuchens und der eines Geschehens, etwa eines Konzerts. »Im ersten Fall könnten wir den Kuchen aufteilen, indem wir ihn in Stücke schnitten, wodurch sich die physische Beschaffenheit des Kuchens reduzierte. Aber angenommen, in einem Konzertsaal fände eine Musikaufführung statt und diese Aufführung würde im Radio übertragen, so daß viele Leute daran teilnehmen könnten, wenn sie die Sendung einstellten. Das Konzertereignis würde dann ›geteilt‹ – aber nicht in dem Sinne, in dem zwei Leute sich einen Kuchen teilen. Diese beiden Bedeutungen von Teilung, so Snow, würden einen nur dann verwirren, wenn wir von personaler Identität sprächen, weil wir es gewohnt seien, uns als Wesen und nicht als Prozesse zu denken. Tatsächlich könnten also die Anhänger der körperlichen Kontinuität dieses Argument zugunsten ihrer Theorie verbuchen.«

»Nachdem ich nun all diese Argumente gehört habe«, sagte Schrödinger, »komme ich zu der Auffassung, daß es bei dieser ganzen Totenbett-Übertragung nicht auf Turings Überleben ankommt, sondern vielmehr ganz einfach auf Kontinuität. Wir haben uns hier darauf konzentriert, ob Turing *als Turing* diese Übertragung auf eine Maschine überlebt. Dies führt aber zu all diesen logischen Problemen, ob das, was überlebt, nun auch wirklich Turing ist oder nicht. Nach meiner Auffassung sollte es besser heißen, worauf es ankommt, ist, ob es *irgend jemanden* gibt, der Turings Fortsetzer ist.«

»Das klingt mir sehr nach der wedischen Auffassung der östlichen Mystiker«, bemerkte Haldane.

»Genau«, gab Schrödinger begeistert zurück. »Lassen Sie es mich damit erläutern, daß ich vier Fragen stelle, die direkt mit unserem Diskussionsgegenstand zu tun haben. Existiert ein *Ich?* Gibt es eine Welt außer mir? Höre *Ich* mit dem Tod meines Körpers auf zu existieren? Hört die Welt bei meinem körperlichen Tod auf zu existieren? Meine Antwort auf alle vier Fragen lautet, daß es nur ein einziges universales Sein gibt, das die wedische Tradition Brahman nennt. Und Brahman umfaßt die gesamte Wirklichkeit in einer nahtlosen, ungeteilten Einheit; Brahman ist reines Denken.«

»Ich entsinne mich, während meiner Besuche in Indien über diese Tradition Gespräche geführt zu haben«, bemerkte Haldane. »Nach meiner Erinnerung ist Brahman mit einer Macht namens Maja verbunden, der die Erscheinung der Welt zu verdanken ist; Maja ist die sogenannte materielle Ursache für das, was wir als die Welt wahrnehmen.«

»Das ist richtig«, erwiderte Schrödinger. »Die unerleuchtete Seele ist außerstande, über Maja hinauszusehen. Die erleuchtete Seele jedoch, die tatsächlich Brahman ist, ist in die unwirkliche Welt der Maja verstrickt, und der einzige Weg hinaus ist durch den Weda. Das Selbst und die Welt sind eins – und sie sind alles. Alle Selbste sind in einem Bewußtsein vereint;

wir alle sind unterschiedliche Aspekte einer einzigen geistigen Einheit.«

Snow warf ein, daß Schrödingers Auffassung von einer »einzigen Einheit« in direktem Gegensatz zu Wittgensteins früherer Behauptung stehe, wonach die Tatsache, daß wir eine bedeutungshaltige Sprache und gemeinsame Auffassungen teilen, ein gesellschaftliches Faktum sei; Wörter seien nicht der persönliche Besitz isolierter Individuen, sondern bezögen ihre Urbedeutungen aus dem öffentlichen Gebrauch, den man in kollektiven Situationen von ihnen machte.

»In der Tat«, fügte Wittgenstein an, »der Charakter des Öffentlichen bei der Art und Weise, in der Wörter ihre Bedeutung gewinnen, zieht das Bild von der individuellen menschlichen Erfahrung, das Schrödinger für unausweichlich zu halten scheint, nämlich das von hermetisch voneinander abgeschotteten Bewußtseinen, erheblich in Zweifel.«

Schrödinger antwortete darauf. »Ich will ein Argument aus Ihrem früheren Werk, Wittgenstein, benutzen, um meine Position zu stützen. Die Lösung dieses Pluralität-versus-Einheit-Dilemmas läßt sich logisch nicht beweisen, weil das logische Denken Teil der Phänomene und ganz und gar darin verstrickt ist; sie läßt sich nur bildlich *zeigen.* Diese gemeinsamen Erfahrungen, von denen Sie sagen, daß sie der Bedeutung zugrunde lägen, die wir Wörtern verleihen, führen zu Beziehungen, die die formale Logik oder die exakten Wissenschaften noch nie in den Griff bekommen haben. Diese Beziehungen verweisen uns zurück auf die Metaphysik, auf etwas, was über das der unmittelbaren Erfahrung Zugängliche hinausgeht.«

»Vielleicht ist dieser metaphysische Gedanke eine

geeignete Stelle, um dieses Thema abzuschließen«, sagte Snow. »Ich sehe keine rationale Möglichkeit, diese Auseinandersetzung um die Persönlichkeitsfrage beizulegen, jedenfalls nicht am heutigen Abend. Lassen Sie mich deshalb ein wenig das Terrain wechseln und Sie alle bitten, den Gedanken der sozialen Verhaltensmuster zu erörtern, die für den Menschen so bezeichnend zu sein scheinen. Ich denke dabei an individuelles soziales Handeln wie die Schaffung von Kunstwerken und altruistische Akte, aber auch an Gruppenaktivitäten wie die Religion und politische Strukturen. Auch diese scheinen mir Teil dessen zu sein, was es heißt, ein Mensch zu sein. Deshalb hätte ich gern Ihre Ansichten zu den Fragen gehört, was sie mit der Nachahmung menschlichen Denkens in einer Maschine zu tun haben könnten. Wäre beispielsweise zu erwarten, daß wir jemals so etwas wie die Entstehung einer ›Maschinenkultur‹ zu sehen bekämen, wenn wir etwa menschliche Gehirne in einzelne Maschinen kopierten?«

»Mein lieber Snow«, warf Haldane ein, »könnten wir nicht, bevor wir uns solch gewichtigen Themen zuwenden, vielleicht ein Päuschen einlegen und uns für diese Diskussion anschließend im Salon bei einem Schluck Cognac und einer guten Zigarre erneut zusammensetzen?«

»Eine wunderbare Idee, mein Freund. Tut mir leid, daß ich nicht früher daran gedacht habe. Also gut, überlassen wir diesen Tisch dem Wirken Simmons' und vertreten uns einen Moment die Beine, bevor wir in den Salon umziehen, um mit diesen Spekulationen fortzufahren.«

# *Kapitel Sieben: Zigarren und Brandy*

## SOZIALES VERHALTEN, KULTUR UND DENKEN

Während Simmons seine Runde im Salon machte und Kaffee anbot, lehnte sich Snow, ein Brandyglas in der Hand, gegen den Kamin und sagte zu seinen Gästen: »Sie sollten einmal diesen exzellenten Brandy versuchen. Und bitte bedienen Sie sich mit den Zigarren auf dem Beistelltisch. Es sind kubanische Montecristos. Die Gegengabe eines Freundes im Foreign Office für einen kleinen Gefallen.«

»So hat denn auch das Foreign Office etwas versöhnlich Stimmendes«, bemerkte Haldane, während er die üblichen Rituale des Anfeuchtens, Abschneidens und Anzündens seiner Zigarre hinter sich brachte.

Wittgenstein und Turing, die beide ziemlich verdrießlich und abwesend dreinblickten, nahmen an den äußersten Enden des ausladenden Sofas Platz. Schrödinger meldete sich von seinem Platz im behaglichen Sessel direkt gegenüber dem Kamin zu Wort. »Wissen Sie, Snow, wir haben an diesem Abend eine Menge Zeit damit zugebracht, die soziale Komponente zu diskutieren, die dem zugrunde zu liegen scheint, was wir Menschen ›Intelligenz‹ nennen. Nun frage ich mich, wenn man eine Rechenmaschine des von Turing vorgeschlagenen Typs hätte und ihr die beste sensorische Ausstattung verliehe, die es für Geld zu kaufen gibt, ob dann eine ganze Population dieser Maschinen sich zu sozialen Einheiten von der Art zusammenschließen würde, wie sie Menschen und andere Tiere für sich geschaffen haben. Oder ist der Gedanke zu weit hergeholt, um ernst genommen zu werden?«

Turing, dessen Lebensgeister durch Schrödingers kühne, visionäre Spekulation wieder geweckt wurden, reagierte unverzüglich: »Letztes Jahr hat Professor John von Neumann in Amerika gezeigt, daß es für die Existenz einer Maschine, die Kopien von sich herstellen könnte, keinerlei logisches Hindernis gibt. Stellt man sich nun eine Population derartiger, sich selbst reproduzierender Maschinen vor, dann ist es von dort aus nur ein kleiner Schritt zu der Annahme, daß natürliche Auslese zur Bildung sozialer Gruppen führen könnte und sogar zu einer Art ›Kultur‹, die aus einer solchen Maschinenpopulation erwächst.«

»Erzählen Sie uns mehr über von Neumanns Ergebnisse«, bat Schrödinger.

Turing erläuterte daraufhin, woran von Neumann gedacht hatte. »Er stellte sich eine Maschine vor, die man mitten in einem ›Meer‹ von Rohstoffen ausgesetzt hat, aus denen die zur Selbstreproduktion benötigten Teile hergestellt werden können. Im weiteren zeigte von Neumann, daß es für eine solche Maschine – vorausgesetzt, sie enthielte ihren eigenen spezifizierten Bauplan, verfügte über umfassende Konstruktionsfähigkeiten und hätte eine Steuerungseinheit und einen Kopierer – logisch möglich wäre, eine perfekte Kopie von sich selbst herzustellen.«

»Und wie bringt die Maschine diese wundersame Aufgabe zuwege?« fragte Haldane.

»Der Grundgedanke ist der, daß die Maschine zuerst ihren Bauplan liest und eine Kopie von sich selbst durch den Zusammenbau der benötigten Teile aus ihrem Umfeld konstruiert. Diese Kopie enthält aber noch nicht den Bauplan; sie ist einfach eine Kopie der Maschine. Die Steuerungseinheit schaltet dann von ›Konstruktion‹ auf ›Kopie‹ um und benutzt den Kopierer, um ein Duplikat des Bauplans herzustellen. Diese Kopie wird daraufhin der neuen Maschine hinzugefügt, wodurch ein Objekt entsteht, bei dem es sich nun um eine *vollständige* Kopie des Originals handelt – den Bauplan eingeschlossen.«

An dieser Stelle unterbrach Haldane Turings Darlegungen erneut, diesmal mit dem Einwand: »Ha, aber die Evolutionskräfte, die zu einer neuen Art führen, verlangen das genaue Gegenteil. Die Kopien müssen *unvollkommen* sein, so daß ein paar Kopien entstehen, die ein bißchen gleicher sind als die anderen. Erst diese Differenz gibt der natürlichen Auslese überhaupt etwas zu tun.«

»Nun, vermutlich ließe sich zeigen, wie es im Reproduktionsprozeß dazu kommen könnte«, erwiderte Turing. »Nehmen wir an, die Maschine fertigt ein Greifwerkzeug als ›Hand‹ für ihre Kopie an, macht dabei einen kleinen Fehler, indem sie die ›Finger‹ in falscher Länge zuschneidet. Ein derartiges Greifwerkzeug würde noch immer funktionieren, und womöglich sogar besser als das Original. In diesem Falle wäre die Kopie also ein klein wenig besser zum Überleben in ihrer Umwelt gerüstet als das Original. Auf diese Weise könnte sich natürliche Auslese dahingehend auswirken, daß in künftigen Generationen mehr Kopien der Kopie als des Originals entstünden.«

Snow merkte an: »Das könnte selbstverständlich nur dann passieren, wenn der Zuschneidefehler irgendwie in den Bauplan für die Maschine hineingebracht werden könnte, der in die Kopie eingefügt wird. Stimmt's?«

»Oder die Fehler könnten direkt beim Kopiervorgang auftreten«, antwortete Haldane. »Solche Mutationen müssen jedenfalls auf die eine oder andere Weise in den Bauplan gelangen, wenn sie in künftigen Generationen auftreten sollen. Das ist die Grundthese der Evolutionsgenetik und das, was in jüngster Zeit in Rußland zu all dem Ärger über Lyssenkos Ideen geführt hat. Dieser Scharlatan hat Stalin irgendwie davon überzeugt, daß Merkmale wie lange Finger, die in der Umwelt vorteilhaft sind, an die folgende Generation weitergegeben werden können, ohne im Bauplan des Organismus encodiert zu sein.«

»Sie glauben also, daß es bei der derzeit in Rußland ablaufenden Lyssenko-Affäre um die Art Vererbung geht, die Lamarck vor vielen Jahren vertreten hat?« erkundigte sich Snow.

»Keine Frage«, erwiderte Haldane. »Aber die politischen Momente haben alle wissenschaftlichen Aspekte der ganzen Angelegenheit völlig unter sich begraben.«

Darauf fragte Schrödinger: »Könnten Sie uns etwas mehr über Lyssenko erzählen und erklären, warum seine Ideen zur Genetik für solche Aufregung in der Wissenschaftswelt gesorgt haben?«

»Trofim D. Lyssenko«, erläuterte Haldane, »ist ein ungebildeter Bauer, dem es fast im Alleingang gelungen ist, die sowjetische Landwirtschaft für den Zeitraum einer Generation zu zerstören und einen Gutteil der sowjetischen Wissenschaft obendrein. Er war ein Bauernsohn, der 1929 der Welt von seinen Experimenten zu erzählen versuchte, bei denen er vor der Aussaat von Baumwolle Wintererbsen anbaute. Er hielt das für eine sensationelle Entdeckung – was es keineswegs war. In Wirklichkeit war die Idee uralt.«

»Und was geschah dann?« fragte Turing.

»Im Jahr darauf säte Lyssenkos Vater im Winter Getreide aus und konnte es im Frühjahr ernten. Als Lyssenko davon erfuhr, nahm er die Idee sofort für sich in Anspruch und behauptete, sie beweise seine eigenen landwirtschaftlichen ›Theorien‹. Seine lautstarke Angeberei machte sich bezahlt, denn sie verhalf ihm dazu, sich eine Position am Odessaer Institut für Genetik und Pflanzenzucht zu sichern. Und da Winterfrüchte notorisch schlechte Erträge aufwiesen, wurde Lyssenko zum Chef einer speziellen Abteilung gemacht, die dieses Problem untersuchen sollte.

Im Jahr 1935«, fuhr Haldane fort, »hielt Lyssenko einen Vortrag vor Kolchosevertretern. Seine Kernaussage lautete, wer nicht seinen Pflanzenzuchttheorien zustimme, sei ein Volksfeind. Eher zufällig gehörte Stalin zu den Zuhörern und kommentierte, ›Bravo, Genosse Lyssenko‹. Von diesem Moment an galt Lyssenko als Stalins Protegé und wurde in der sowjetischen Presse sofort zum ›Genie des Bodens‹ hochgejubelt.«

»Aha, hier kommt die politische Dimension ins Spiel«, nickte Schrödinger.

»Ja«, gab Haldane zurück, »und kurz darauf legte sich Lyssenko eine Schar Anhänger zu, die Titel, Auszeichnungen und Spitzenposten in allen Bereichen der sowjetischen Wissenschaften, aber auch in den Redaktionen von Zeitungen und Zeitschriften erhielten. Eine absonderliche Geschichte. Andernorts in der Welt, so stellt sich heraus, machen Biologie und Genetik große Fortschritte, aber Lyssenko hat noch immer Stalins Ohr und versorgt ihn mit Falschinformationen über den Stand der gesamten Wissenschaften in der UdSSR. Ich mag gar nicht erst mit dem Aufzählen beginnen, wie viele Ehrungen und Titel diesem Mann verliehen wurden. In manchen Provinzstädten haben sie ihm sogar Denkmäler errichtet.«

»Aber haben Lyssenkos Theorien überhaupt irgendeine wissenschaftliche Basis?« fragte Snow.

»Sehen Sie«, erwiderte Haldane mit einiger Verbitterung, »Lyssenkos wissenschaftliche Ideen sind der reine Unsinn. Genausogut könnte man argumentieren, wild lebende Hunde würden Füchse zur Welt bringen. Mir fällt kein einziger lebender Genetiker ein, der auch nur einen Moment lang derlei Schwachsinn in Betracht ziehen würde. Und das schlimmste ist, daß Stalin in diesen Dingen allein auf Lyssenko hört. Sie passen so gut zur marxistischen Ideologie. Viele gute sowjetische Genetiker, sage ich Ihnen, sind eingesperrt – oder sogar erschossen – worden, weil sie gegen Lyssenko ihre Stimme erhoben haben.«

»Wie sind Sie in diesen Schlamassel verwickelt worden?« fragte Schrödinger.

»Irgendwie machte das Gerücht die Runde, ich müßte, weil ich sowohl Genetiker als auch Marxist sei, Lyssenkos bescheuerte Theorien bejahen. Es wurde sogar so schlimm, daß ich gezwungen war, Anfang dieses Jahres im *Modern Quarterly* eine ausdrückliche Verurteilung dieses Gerüchts zu veröffentlichen. Es ist ein trauriger Tag für die sozialistische Bewegung, wenn die politische Ideologie der Natur zu diktieren beginnt, was sie kann und was nicht. Läßt einen das eigene Engagement für die Sache überdenken, nicht wahr?«

Hier nun fühlte sich Wittgenstein genötigt, ein Wort der Vorsicht zu sagen: »Was immer sich über die Lyssenko-Geschichte sagen läßt, es ist gewiß keine westliche. Sie können deshalb Lyssenkos Denken auch nicht mit westlichen Maßstäben messen. Aber die Wissenschaftsgläubigkeit ist das größte Übel dieses Jahrhunderts. Schon allein aus diesem Grund bin ich gegen den Marxismus.«

Turing fügte hinzu: »Der Marxismus beansprucht Wissenschaftlichkeit für sich – aber nur als Ausdruck eines Bedürfnisses nach einer vernunftgemäßen, wissenschaftlich begründbaren Erklärung des historischen Wandels. Wie aber kann jemand ernsthaft die marxistische Vorstellung vertreten, daß man etwas wie die Wissenschaft mit den ›vorherrschenden Produktionsweisen‹ erklären kann. Das ist blanker Unsinn.«

»Nicht unbedingt«, gab Wittgenstein zurück. »Wer kennt denn die Gesetze, nach denen sich eine Gesellschaft entwickelt? Ich bin mir ziemlich sicher, daß sie selbst für die klügsten Köpfe ein verschlossenes Buch sind.«

Bei dieser seltsamen Bemerkung Wittgensteins mischte sich Snow ein: »Vielleicht kommen wir nun zu unserem eigentlichen Thema zurück. Was läßt sich aus all dem für die Wahrscheinlichkeit schlußfolgern, daß eine Population intelligenter Maschinen soziale Vorstellungen wie ein politisches System oder, meinetwegen, selbst kulturelle Konstrukte wie Religion oder die Künste ausbildet?«

Ziemlich verärgert, weil ihm diese Frage zu unterstellen schien, daß zwischen Menschen und Maschinen kein relevanter Unterschied bestehe, beugte sich Wittgenstein vor und antwortete in scharfem Ton: »Passen Sie mal auf, Snow. Diese Vorstellungen von Kultur, von denen Sie reden, sind ganz und gar an die Idee des Humanen gebunden; sie gehören wesentlich zum Strom menschlichen Lebens. Ich nehme an, man könnte sich vorstellen, daß diese Maschinen eine eigene gemeinsame Lebensform miteinander teilen. Ich weiß es nicht. Aber selbst wenn sie es tun – und selbst wenn diese Lebensform dazu führt, daß sie so etwas wie eine ›Religion‹ entwickeln –, wird dies mit Sicherheit nicht dasselbe sein wie das, was wir Menschen unter einer Lebensform verstehen. Eine Maschinenreligion beispielsweise wäre bestenfalls eine erbärmliche Parodie menschlicher Religion.«

»Davon bin ich keineswegs überzeugt«, sagte Schrödinger. »In den östlichen Religionen macht man häufig nur einen sehr geringen Unterschied zwischen Tieren und Menschen, insofern beide als Teil einer einzigen Einheit angesehen werden – des Weda, zum Beispiel. Deshalb scheint es mir zumindest fragwürdig, eine Scheidelinie einzig und allein aufgrund dessen zu ziehen, daß Menschen auf Kohlenstoff basierende Wesen sind, während Maschinen aus anderem ›Stoff‹ gemacht sind.«

Weil damit auch nichtmenschliche Tiere in die Diskussion eingeführt wurden, erkundigte sich Snow: »Sie mögen einem Tausendfüßler eine Seele zusprechen, Schrödinger, aber das ist nun wirklich keine objektive Aussage. Mir kommt es eher wie eine Glaubensfrage oder sogar wie ein Aufruf zu einer sektiererischen Religion vor.«

»Ich widerspreche Ihnen höchst ungern«, sagte Schrödinger entschuldigend. »Es ist keineswegs eine religiöse Auffassung – östlich oder nicht. Leibniz zum Beispiel hat im siebzehnten Jahrhundert vorgebracht, daß alles, Mensch oder Stein, aus einer unendlichen Anzahl winziger Seelen zusammengesetzt sei. Und sein Zeitgenosse Benedikt de Spinoza hätte ihm, glaube ich, zugestimmt.«

»Aber bedeutet eine Seele, daß man automatisch auch ein Bewußtsein hat?« fragte Haldane.

»Keineswegs«, antwortete Schrödinger. »Worauf ich hinauswill, ist, daß der Gedanke, Dinge wie Bewußtsein und Seele aus Gewohnheit den Menschen vorzubehalten, der reinste anthropomorphe Chauvinismus ist und daß es wirklich keinen logischen Grund gibt, weshalb nicht Tiere, Steine, Wolken oder eben auch Maschinen darüber verfügen könnten.«

»Gut, und wie steht's mit normalen sozialen Verhaltensmustern der Menschen, etwa, daß man zu seinen Verwandten nett ist und Dinge wie inzestuöse Beziehungen unterläßt? Können wir wirklich erwarten, daß eine Gesellschaft von Maschinen sich solche kulturellen Normen zulegt, einfach nur deshalb, weil sie intelligent sind und wie Menschen denken?« wollte Haldane wissen.

Damit hatte Haldane die Frage nach dem Einfluß der Kultur auf das Verhalten im Gegensatz zu einem ausschließlich durch Erbanlagen diktierten Verhalten ins Gespräch gebracht.

»Über das Thema, in welchem Ausmaß das genetische Erbe menschliches Verhalten bestimmt, ist nahezu von dem Moment an gestritten worden, als Darwin seine bahnbrechende Forschung veröffentlichte«, bemerkte Snow. »Daß wir diese Frage in Darwins alten Räumen in Christ's College erörtern, dürfte manchem der hier Versammelten, wie mir selbst, gewiß auf eigenartige Weise passend vorkommen, auch wenn ein Hauch von *déjà vu* darüberliegt.«

Schrödinger unternahm den ersten behutsamen Schritt in dieses intellektuelle Minenfeld: »Wenn wir unsere tierische Natur akzeptieren, dann scheint es ganz vernünftig anzunehmen, daß viele unserer Verhaltensmuster einfach nur Konsequenzen dieser Tatsache sind. Ich könnte mir vorstellen, daß eine Gesellschaft von Maschinen aus ihrer eigenen Evolutionsgeschichte heraus analoge Muster entwickeln würde. Aber ich kann keinen Grund dafür erkennen, weshalb solche Muster zwangsläufig diejenigen nachahmen sollten, die wir aus unserer evolutionären Vergangenheit geerbt haben.«

»Lassen Sie uns versuchen, diese Frage in ihre Bestandteile zu zerlegen«, sagte Snow. »Einerseits handelt es sich um das Thema, das wir ›Anlage versus Sozialisation‹ beim Menschen nennen könnten. Daneben steht völlig getrennt davon die Frage, ob die Evolution sozialen Verhaltens bei Maschinen wie die der Menschen verlaufen würde. Ich halte dies für zwei sehr unterschiedliche Fragen, die man nicht durcheinanderbringen sollte.«

»Das sind sie in der Tat«, sagte Haldane. »Was menschliche Verhaltensmuster anbetrifft, so ist einer der für genetische Deterministen gewiß am schwersten zu erklärenden Verhaltenstypen der Akt, auf eigene Kosten freundlich zu anderen zu sein. Wenn unser Verhalten wirklich darauf abzielte, ein Individuum besser in die Lage zu versetzen, möglichst viele seiner Gene in der nächsten Generation unterzubringen, dann läßt sich nur schwer verstehen, wie es diesem Ziele dienlich sein könnte, sich selbst zu opfern, um einem anderen zu helfen. Vielleicht sind also unsere kulturellen Normen, die ein solches Verhalten belohnen, gewichtiger als Darwins Idee vom ›Überleben des Tüchtigsten‹ – jedenfalls, was menschliches Verhalten angeht.«

»Da bin ich mir nicht so sicher«, wandte Turing ein. »Es gibt mehrere Möglichkeiten, altruistisches Verhalten mit der Darwinschen Tüchtigkeit zu erklären, ohne daß man sich dabei auf irgendwelche speziellen kulturell erlernten und dem Menschen eigentümlichen Verhaltensweisen berufen müßte.«

»Zum Beispiel?« fragte Snow.

»Nun, eine Möglichkeit würde für eng verwandte Familienangehörige gelten, die einander helfen. Da etwa zwei Brüder die Hälfte ihrer Gene gemeinsam haben, hat ein Verhalten, bei dem ein Bruder dem anderen hilft, den Effekt, daß sich dadurch die Wahrscheinlichkeit erhöht, daß die Gene beider Brüder für die nächste Generation überleben.«

»Ich verstehe, was Sie meinen«, erwiderte Snow. »In Wirklichkeit müßten die beiden Parteien nicht einmal miteinander verwandt sein, denn wenn ich Haldanes Genen dabei helfe zu überleben, kann ein solches Verhalten auch meinen Genen dazu verhelfen, in die nächste Generation zu gelangen – vorausgesetzt, daß ich von Haldane *erwarten* kann, meine Hilfe in gleicher Münze zurückzuzahlen.«

»Ja«, meinte Turing, »das wäre eine Art ›gegenseitiger‹ Altruismus.«

»Na schön, wir sehen also, wie beim Menschen scheinbar altruistisches Verhalten mit rein genetischem Eigeninteresse erklärt werden könnte. Wie aber steht es mit Maschinen?« fragte Schrödinger. »Schließlich ist das das Thema, welches wir hier eigentlich diskutieren.«

»Richtig«, stimmte Snow zu. »Wie steht's damit bei Maschinen?«

Wittgenstein, der am Fenster gestanden und hinaus zum Mond geblickt hatte, der endlich hinter den Wolken hervorzulugen begann, drehte sich um, trat in die Mitte des Zimmers und rief aus: »Sie reden allesamt Unsinn. Allem Anschein nach sind Sie der Meinung, es gäbe keinen Unterschied zwischen irgendeiner intelligenten Maschine und einem Menschen, außer dem ›beiläufigen‹ Umstand, daß der eine aus Fleisch und Blut besteht, während der andere aus Metall, Glas, Holz und Gott weiß was allem hergestellt ist. Gut, ich sage Ihnen, es gibt eine unüberbrückbare Kluft zwischen den beiden – und diese Kluft hat nichts mit dem Material zu tun, aus dem sie bestehen. Menschen sind Menschen und beschäftigen sich mit menschlichen sozialen Interaktionen; das ist es, was ihr Menschsein ausmacht. Maschinen, so clever sie auch Menschen imitieren mögen, können nicht menschlich *werden,* indem sie einfach nur menschliche soziale Interaktionen nachahmen. Ja, sie mögen Maschinenträume haben – aber solche Träume unterscheiden sich ebensosehr von denen eines Menschen wie ein Bagger von dem College-Gärtner, der den Vorgarten umgräbt. Es ist ein fundamentaler Kategorienfehler, von Maschinengedanken und -gesellschaften und dergleichen in derselben Weise zu sprechen, wie wir über derlei Begriffe im Hinblick auf Menschen diskutieren.«

Nach diesem leidenschaftlichen Bekenntnis seiner Skepsis gegenüber dem Gedanken, in einer Maschine menschliche Intelligenz zu erzeugen, ließ sich Wittgenstein in das Sofa zurückfallen und blickte wütend hinauf zur Darwin-Tafel über dem Kamin, so als wollte er Charles' Geist persönlich dazu herausfordern, sein Argument zu widerlegen, das sich zugunsten einer dem Menschen innewohnenden Einzigartigkeit in seiner unendlichen Auseinandersetzung mit der Maschine aussprach.

Snow genehmigte sich einen großen Schluck Brandy, zog an seiner Zigarre und machte sich daran, die peinliche Stille zu füllen, die sich nach Wittgensteins *cri de coeur* über den Raum gesenkt hatte. Mit seiner Zigarre wedelnd, als dirigierte er ein Orchester, lenkte er die Diskussion weg von so irdischen Dingen wie Maschinen und Menschen, indem er die Gruppe bat, ihre Gedanken nun buchstäblich gen Himmel zu wenden.

»Vielleicht läßt sich eine andere Perspektive auf diese Mensch-versus-Maschine-Geschichte gewinnen, wenn wir einmal darüber nachdenken, wie wir zu so etwas wie Menschenrechten und dem Persönlichkeitsgedanken für eine *außerirdische* Intelligenz stehen. Nehmen wir einmal der Diskussion zuliebe an, morgen landete ein Raumschiff von der Andromeda auf dem Parliament Square und ein ganz fremdartiges Wesen käme herausgesprungen. Um die Situation noch ein bißchen pikanter zu machen, sei unterstellt, daß dieses Wesen zwar irgendwie imstande ist, den Premierminister in perfektem Englisch anzusprechen, äußerlich aber an eine Gestalt aus den schlimmsten Alpträumen erinnert – eine haarige, mammutähnliche Kreatur mit zwölf tentakelartigen Armen mit Saugnäpfen an ihren Enden, einem klaffenden Loch als Mund, Antennen statt Ohren und so fort. Was nun? Wären wir bereit, einer solchen menschenähnlichen Intelligenz Persönlichkeit zuzusprechen, obwohl ihre physische Erscheinung radikal von unserer eigenen abweicht?«

Bevor die Erörterung dieses Themas auch nur beginnen konnte, stellte Wittgenstein laut sein noch unbenutztes Cognacglas ab und beklagte sich bei Snow, er halte diese Frage für bedeutungslos. »Das von Ihnen beschriebene Szenario ist völlig ohne Sinn, Snow. Wie können Sie sich vorstellen, daß diese außerirdischen Wesen jemals auf irgendeine Weise mit uns Menschen kommunizieren könnten? Sprachliche Kommunikation ergibt sich allein aus der Teilhabe an einer gemeinsamen Lebensweise. Schauen Sie sich doch die Situation hier auf der Erde an. Wir können nicht einmal mit Geschöpfen kommunizieren, die eine mit uns gemeinsame Evolutionsgeschichte haben, wie Affen, Wale und Termiten. Wie kann man folglich auch nur auf den Gedanken kommen, wir könnten imstande sein, mit Wesen zu kommunizieren, die in einer völlig anderen Umwelt auf radikal anderen evolutionären Pfaden entstanden sind? Es ist einfach unvorstellbar!«

»Wir haben Ihre Ansichten zu Sprache und Denken als Gruppenphänomenen bereits vernommen, Wittgenstein«, fuhr ihn Snow mit leichten Anzeichen von Irritation an, »und sie sind gewiß auch bedenkenswert. Aber nicht alle von uns teilen Ihre Meinung dazu.«

Turing erhob sein Glas, um sich bei Snow bemerkbar zu machen, und brachte zögernd vor: »Vielleicht gibt es ja eine Art Universalsprache, die allen technologisch fortgeschrittenen Intelligenzen gemeinsam sein muß. Snows Hypothese lautet schließlich, daß diese Andromedaner ein Raumschiff gebaut haben, in dem sie zwischen Galaxien herumfahren können. Dies verlangt offenkundig einen Grad technologischen Fortschritts, von dem wir nur träumen können. Ich würde behaupten, daß es gewisse Fakten des physischen Universums gibt, die diese Außerirdischen für eine derartige Technologie kennen müßten – Dinge wie der Wert von $\pi$, die Gesetze der Himmelsmechanik, die Eigenschaften von Atomen und so weiter. In meinen Augen ist es nicht unvorstellbar, daß um diese universalen Fakten herum eine Sprache konstruiert werden könnte, die wir benutzen könnten, um uns mit diesen Wesen über *irgend etwas* von Bedeutung auszutauschen.«

»Ein ausgezeichneter Punkt«, merkte Schrödinger an. »Ich bin mir sicher, daß die Physik auf der Andromeda dieselbe ist wie die Physik hier auf Erden. Und dieser Umstand könnte durchaus zur Grundlage für die Konstruktion eines Kommunikationssystems gemacht werden, an dem wir beide teilhaben können.«

»Ich kann mir auch nicht denken, weshalb die Gesetze, denen Planetenbewegungen oder chemische Reaktionen gehorchen, auf der Andromeda andere sein sollten«, legte Snow nach. »Als Mittel einer kosmischen Kommunikation könnte deshalb womöglich eine Art Sprache funktionieren, die auf Zahlenberechnungen oder Atomspektren basiert. Was meinen Sie, Haldane?«

»Nun gut, Snow, ich konzediere, daß die Gesetze der unbelebten Materie auf der Andromeda wahrscheinlich keine anderen sind als hier auf Erden. Das bedeutet aber nicht, daß das Verhalten von Organismen wie Ihrem mammutähnlichen, zwölfarmigen Andromedaner auch nur von Ferne dem ähnlich wäre, was wir hier auf der Erde kennen. In dieser Hinsicht sympathisiere ich daher mit Wittgensteins Standpunkt, daß es nicht unsere physische Konstitution ist, die uns Menschen *menschlich* macht. Vielmehr sind es unsere sozialen Verhaltensmuster. Und was die anbetrifft, ist es höchst unwahrscheinlich, daß sie einem Andromedaner begreiflich, geschweige denn in irgendeiner Weise ähnlich wären.«

»Und wie würden sie sich Ihrer Meinung nach von uns unterscheiden?« erkundigte sich Turing neugierig.

»Mein Gott«, rief Haldane aus, »es gibt so viele Möglichkeiten, in denen sie sich unterscheiden könnten, daß es schwerfällt, sie alle aufzuzählen. Ich will Ihnen nur ein paar Beispiele nennen. Angenommen, die Andromedaner verwenden kein Geld im Austausch gegen Waren. Oder angenommen, sie begrenzen die Zahl von Kindern oder praktizieren Inzest? Derlei soziale Muster wären uns fremd. Aber solche Verhaltensmuster wären die Grundlage ihrer Lebensweise und folglich, wenn wir Wittgenstein glauben sollen, auch ihrer Sprache. Wie könnte dann auch nur ansatzweise ein sinnvoller Gedankenaustausch mit solchen Kreaturen möglich sein?«

Daraufhin stellte Snow die Frage: »Wollen Sie damit sagen, wenn wir keinen kognitiven Kontakt zu diesen Andromedanern herstellen können, dann sei es auch undenkbar, daß wir sie in der Weise, wie wir es bei anderen Menschen tun, als ›Personen‹ auffassen?«

»Absolut«, versicherte Haldane. »Ich denke, wir können sie durchaus als Wesen auffassen, die Wertschätzung verdienen, in der Weise, wie wir unseren Katzen und Hunden mit Respekt und Zuneigung begegnen. Aber fraglos können wir uns diese Außerirdischen nicht als ›Personen‹ denken.«

»Gibt es in dieser Hinsicht irgendeinen Unterschied zwischen diesen Wesen von der Andromeda und Turings intelligenten Maschinen?« fragte Schrödinger. »Wenn die Andromedaner keine Personen sind, sehe ich auch keinen Grund, intelligenten Maschinen dieses Etikett zuzuerkennen«, folgerte er.

Snow zog ein weiteres Mal an seiner Zigarre, schaute über den Brillenrand hinweg auf Turing und fragte: »Nun, Turing, was sagen Sie dazu? Sind Sie mit Schrödinger und Haldane in dieser Frage der Persönlichkeit für Ihre Maschinen einer Meinung?«

Turing, der so begierig darauf war, zu Wort zu kommen, daß er leicht stotterte, erwiderte nervös: »Ich habe mich weder für noch gegen eine Persönlichkeit von Maschinen ausgesprochen. Mir ging es einzig darum, ob solch eine Maschine gebaut werden könnte, die über Intelligenz in derselben Größenordnung verfügte, wie wir sie bei unseren Mitmenschen finden. Trotz allem, was ich heute abend hier gehört habe, glaube ich immer noch fest daran, daß es für den Bau einer solchen Maschine kein logisches Hindernis gibt. Wenn Sie moralische und ethische Fragen wie die nach der Persönlichkeit, nach Maschinenrechten und dergleichen einführen wollen, habe ich nichts dagegen. Aber mit der Frage intelligenter Maschinen haben diese anderen Probleme rein gar nichts zu tun.«

»Schön«, sagte Snow. »Mir scheint, daß wir damit in dieser Frage nach dem Verhältnis zwischen Bewußtsein und Maschine wieder an unserem Ausgangspunkt angelangt sind. Da es spät geworden ist, darf ich Sie vielleicht bitten, daß jeder von Ihnen kurz seinen Standpunkt in dieser Angelegenheit zusammenfaßt. Und nur um sicherzugehen, daß wir über dieselbe Frage sprechen, will ich sie noch einmal formulieren. Im Grunde geht es um das, was Turing gerade gesagt hat: Gibt es irgendeinen logischen Grund, der es unvorstellbar macht, daß die Technik bis zu dem Punkt fortschreitet, wo wir einen Computer konstruieren könnten, der in seinen kognitiven Fähigkeiten von einem Menschen nicht zu unterscheiden wäre? Da Sie, Wittgenstein, Ihre Opposition zu dieser Frage am deutlichsten zum Ausdruck gebracht haben, darf ich Sie vielleicht bitten, zu beginnen und zusammenzufassen, weshalb Sie allein schon gegen die Vorstellung von einer denkenden Maschine sind.«

Wittgenstein erhob sich von seinem Sitzplatz auf dem Sofa und begann, im Zimmer auf und ab zu gehen, als sammelte er seine Kräfte für einen Frontalangriff gegen Turing, Snow und jeden anderen, der diese Frage auch nur als Gegenstand einer ernsthaften intellektuellen Debatte ansehen mochte. Schließlich drehte er sich zu den anderen um und sprach, sanft zunächst, dann aber, während seine Antwort in Schwung kam, mit wachsender Intensität.

»Schon die bloße Idee, daß eine Maschine wie ein Mensch denken könnte, ist eine völlige Absurdität. Gut möglich, daß man eine Maschine konstruieren kann, die in Turings Imitationsspiel gut abschneidet und uns sogar weismacht, daß sie denkt wie Sie oder ich. Aber lassen Sie sich nichts vormachen; was menschliches Denken angeht, wäre es ein Betrug.

Menschliches Denken ist durch und durch mit Sprache verknüpft, die ihrerseits wiederum eine direkte Konsequenz einer gemeinsamen Lebensweise ist – der menschlichen Lebensweise. Und keine Maschine, egal, wie geschickt sie auch konstruiert sein mag, wird je dazu befähigt sein, an dieser Lebensform teilzuhaben, einfach weil sie eine Maschine *ist.* Folglich, Snow, glaube ich kein bißchen an die Möglichkeit einer denkenden Maschine.«

»Aus philosophischen, nicht aus technischen Gründen, hab ich recht?« fragte Snow nach, um es nur noch einmal klarzustellen.

»Aus jeglichen Gründen, schon die Frage selbst ist sinnlos«, konterte Wittgenstein.

»In Ordnung«, seufzte Snow. »Was sagen Sie zu der Sache, Schrödinger?«

»Ich, Snow, habe bei dieser Angelegenheit ziemlich ambivalente Gefühle. Einerseits sehe ich keinerlei logischen oder technischen Hinderungsgrund dafür, eine solche Maschine zu schaffen, wie Turing sie sich vorstellt. Nur frage ich mich, welchen Zweck ein solches Gerät hätte – außer den, die Virtuosität unserer Techniker und Ingenieure zu demonstrieren? Was ist mit dem Bau einer derartigen Maschine gewonnen?«

»Nun, das ist eine ganz andere Frage, über die man am besten bei einer anderen Gelegenheit nachdenken sollte«, sagte Snow. »Eben jetzt interessiert mich mehr die Ausführbarkeit des Gedankens und nicht, ob es sich wirklich lohnt.«

Daraufhin fuhr Schrödinger fort: »Ja, natürlich. In diesem Falle werde ich mich wohl auf Turings Seite schlagen und sagen, daß ich keinen physikalischen oder technischen Grund sehe, weshalb sich nicht eine

Maschine bauen ließe, die uns weismachen würde, sie dächte wie ein Mensch.«

Mit einem wohlmeinenden Nicken zollte Snow dieser Antwort seinen Beifall und bat anschließend Haldane um seine Meinung über die Möglichkeit einer denkenden Maschine.

»Gegenüber dieser Frage muß ich, fürchte ich, einen ganz und gar agnostischen Standpunkt beziehen. Mir ist nicht recht wohl bei dem Gedanken, einem mechanischen Gerät – so geschickt es auch zusammengebaut sein mag – eine so fundamental menschliche Eigenschaft wie kognitives Bewußtsein zuzuerkennen. Nach meinem Gefühl ist es wahrscheinlich möglich, eine Maschine zu bauen, die Zauberkunststückchen vollführen kann und uns vielleicht sogar dazu bringt, sie als ein denkendes Wesen zu akzeptieren. Aber heißt das, daß sie *wie* ein Mensch denkt? Ich weiß es nicht, wäre aber äußerst skeptisch. Mit dem Tiergehirn – und speziell dem menschlichen Gehirn – hat es etwas ganz Besonderes auf sich, und ich bezweifle sehr, daß es möglich ist, diese Besonderheit in einem mechanischen Gerät zu wiederholen. Wenn es also darum geht, wie ein Mensch zu denken, halte ich mich an den alten schottischen Urteilsspruch des ›nicht bewiesen‹.«

Snow, der Turings Reaktionen auf diese Ansichten beobachtet hatte, fragte ihn, ob er irgendwelche abschließenden Überlegungen zu dieser Angelegenheit habe, an denen er die Gruppe gern teilhaben lassen würde.

»Danke, Snow. Ich habe dem, was ich dazu bereits im Verlauf unserer abendlichen Diskussion gesagt habe, wenig hinzuzufügen. Aber ich möchte doch den Punkt klarstellen, daß ich nie gedacht habe, eine meiner Maschinen sei tatsächlich ein *Duplikat* eines menschlichen Gehirns in einem anderen Medium. Einige von Ihnen scheinen meine Überlegungen zugunsten einer denkenden Maschine fälschlicherweise so verstanden zu haben, als laufe dies auf die Schaffung einer Kopie des menschlichen Gehirns in Metall, Glas und Plastik hinaus. Das ist keineswegs mein Ziel. Meine Ansichten – und Absichten – sind bei weitem bescheidener. Einfach ausgedrückt, geht mein Interesse dahin, menschliche Denkprozesse zu kopieren, nicht die menschliche Physiologie. Allerdings räume ich die Möglichkeit ein, daß es hierfür nötig sein könnte, das menschliche Gehirn zu kopieren. Falls diese Kopie jedoch möglich wäre, dann wäre es vermutlich so, daß allein schon aufgrund dieses Umstands ein solches mechanisches Gehirn genau wie ein Mensch denken würde. Mein Argument geht aber dahin, daß die moderne Technologie uns befähigen wird, menschliche Denkprozesse in einer Maschine mit sehr viel weniger als einer kompletten Kopie eines Gehirns hinzubekommen.«

Dies war für Snow der Moment, sein Glas abzustellen, sich zu erheben und sich an die Runde zu wenden: »Meine Herren, es ist spät geworden, und ich denke, wir sind in der Frage denkender Maschinen in etwa so weit gekommen, wie man es an einem Abend schaffen kann. Vielleicht sollten wir jetzt erst einmal verdauen, was hier und heute abend gesagt wurde, und, wenn es unsere diversen Zeitpläne erlauben, in einem oder zwei Monaten erneut zusammenkommen, um die Diskussion fortzusetzen. Für diesmal aber scheint mir die Zeit des Nachdenkens gekommen, nicht für weiteres Debattieren.«

»Hört, hört«, setzte Haldane hinzu. »Falls die Uhr dort auf dem Kamin auch nur annähernd richtig geht, werde ich mich sputen müssen, wenn ich noch den letzten Zug zur Liverpool Street erreichen will.«

Während sich die Gruppe von ihren Sitzen erhob und zum Flur ging, um Hüte und Mäntel zu holen, sagte Snow zu Turing: »Vorhin habe ich Sie so verstanden, daß Sie für Unterkunft für die Nacht in ihren alten Räumen im King's College vorgesorgt haben. Ist das richtig?«

»Ja, ich habe mich am frühen Abend auf meinem Weg hierher beim College-Pförtner angemeldet«, erwiderte Turing.

»Und Sie übernachten bei den von Wrights, Wittgenstein?« erkundigte sich Snow.

»Ja«, antwortete Wittgenstein.

»Für Sie, Schrödinger, habe ich den hiesigen Pförtner gebeten, Ihnen das College-Gästezimmer herzurichten. Ist Ihnen das recht?«

»Bestens, Snow«, erwiderte der Österreicher. »Ich fürchte, es wäre mir ein bißchen beschwerlich, jetzt gleich nach London zurückzufahren. Bedauerlicherweise muß ich Haldane deshalb heute abend allein die Strecke zurückfahren lassen.«

»Schön, dann ist also für alle von Ihnen für die Nacht gesorgt«, sagte Snow und geleitete sie ins Vestibül. »Ich möchte mich bei jedem von Ihnen noch einmal bedanken, daß Sie sich die Zeit genommen haben und für diesen Abend hier herauf nach Cambridge gereist sind. Ihre Ansichten zur Frage der denkenden Maschine werden in meinem Schlußbericht an den Minister mit Sicherheit eine gewichtige Rolle spielen. Für die Zeit, die Sie mir geopfert haben, bin ich

Ihnen äußerst dankbar. Es war wirklich ein schöner und intellektuell lohnender Abend für mich. Ich hoffe, daß Sie alle von der Diskussion ebensoviel gehabt haben wie ich.«

»Das haben wir bestimmt«, erwiderte Schrödinger. »Ich bin sicher, für alle zu sprechen, wenn ich sage, daß ich selten ein so gutes Abendessen zusammen mit solch anregenden Tischgenossen erlebt habe. Vielen Dank für Ihre Einladung zu diesem intellektuellen und kulinarischen Mahl.«

»Ganz meinerseits«, gab Snow zurück. »Gute Heimfahrt. Und nochmals Ihnen allen vielen Dank für Ihr Kommen.«

Zum Geklapper der Schritte seiner Gäste, die ihren Weg die Treppe hinunter zum Hof nahmen, schloß Snow die Tür. Er lehnte sich einen Moment dagegen und stieß einen großen Seufzer der Erleichterung und persönlicher Befriedigung aus. Dann ging er in den Salon zurück, schenkte sich noch einmal einen gehörigen Cognac ein und ließ sich ins Sofa fallen. Was für ein Abend, dachte er. Aber wie würde er je einen Bericht für den Minister schreiben können, der wirklich dem Spektrum von Ideen gerecht würde, die an diesem Abend in diesem Zimmer dargelegt worden waren?

Wie läßt sich Wittgensteins philosophische Einstellung gegenüber denkenden Maschinen mit Turings technischen Argumenten überhaupt vergleichen? Und wie fügen sich Schrödingers und Haldanes Ansichten über die Ursprünge des Lebens und die Verhaltensweisen lebender Organismen in dieses Gesamtbild ein? Und als wäre das nicht genug, dachte Snow, gibt es ja auch noch Wittgensteins Gedankenexperiment mit dem Hieroglyphenraum. So, wie er es angelegt hat, erschien es mir als überzeugende Widerlegung des Gedankens, daß eine Maschine je wie ein Mensch denken kann. Irgendwie hat die nachfolgende Diskussion über Denken und Sprache die Kraft dieses Arguments dann aber wieder geschwächt. Wie kann ich auch nur ansatzweise die Feinheiten dieser widersprüchlichen Themen und Ansichten jemandem wie dem Minister vermitteln, der seine Wissenschaft in kleinen Dosen und ohne rauhe Kanten zu sich nimmt? Na schön, schloß er, während er sich den letzten Rest Cognac genehmigte, ich hab schließlich schon aus sehr viel weniger Informationen Berichte zusammengeschrieben. Er erhob sich vom Sofa, reckte sich wohlig, machte die Lichter aus und ging in Richtung Schlafzimmer. Das Rätsel um die denkende Maschine wird sich an einem Abend nicht lösen lassen, dachte er, und morgen ist schließlich auch noch ein Tag …

# *Danach*

DIE GESCHICHTE GEHT WEITER

In seinem späteren Leben erlangte C. P. Snow in der Welt des Geistes eine gewisse Bekanntheit, nachdem er 1959 im Verlauf der *Rede Lectures* den Begriff der »zwei Kulturen« geprägt hatte, um die unterschiedliche Weltsicht zu kennzeichnen, die Natur- und Geisteswissenschaften voneinander trennte. 1964 in den Adelsstand erhoben, starb er im Jahr 1980. Haldane wanderte 1957 nach Indien aus, zum Teil aus Abscheu vor dem Verhalten der britischen Regierung in der Suezkrise. Dort führte er bis zu seinem Tod im Jahr 1964 seine Forschungsarbeit in der Genetik fort. Schrödingers kleines Buch *Was ist Leben?* wurde zum Anstoß für das aufblühende Forschungsfeld der Molekularbiologie – trotz des Umstands, daß Schrödingers Ansichten zum Aufbau der Gene durch die Arbeiten von Watson, Crick und anderen widerlegt wurden. Schrödinger kehrte schließlich nach Wien zurück, wo er bis zu seinem Tod im Jahr 1961 lebte.

Alan Turing starb 1954 von eigener Hand, gerade mal drei Jahre, nachdem Wittgenstein dem Prostatakrebs erlegen war, an dem er bereits zur Zeit der Abendeinladung bei Snow gelitten hatte.

So hat also keiner der beiden den Beginn des »Künstliche Intelligenz (KI)« genannten Arbeitsfeldes erlebt, der sich mit John McCarthy und der inzwischen berühmten Dartmouth-Konferenz vom Sommer 1956 verbindet.

Nach einhelliger Ansicht wurde bei dieser Zusammenkunft im Dartmouth College die intellektuelle Agenda für die weltweite KI-Bewegung – auch noch in ihrer heutigen Form – festgelegt. Zu den Teilnehmern zählten so bedeutende Geister wie Claude Shannon, der durch seine Informationstheorie Berühmtheit erlangte, Marvin Minsky, der Doyen des KI-Labors am MIT, Frank Rosenblatt, der Pionier der neuronalen Netze, sowie der Wirtschafts-Nobelpreisträger Herbert Simon und dessen langjähriger Mitarbeiter an der Carnegie-Mellon University, Alan Newell. Diese Leute sollten das Rückgrat jener Gemeinde der KI-Forscher bilden, die sich in den sechziger Jahren über Nordamerika und die Welt ausbreitete.

In Dartmouth standen zwei fundamentale Ansätze für die Lösung des Problems maschineller Intelligenz zur Debatte. Der erste, für den sich Newell und Simon stark machten, vertrat die Ansicht, beim kognitiven Vermögen handele es sich um ein in der oberen Hirnschicht lokalisiertes Phänomen, das man auf irgendeine Weise »absahnen« könne, so ähnlich wie man bei Rohmilch am oberen Rand des Gefäßes die Sahneschicht abschöpft. Das Credo dieser Gemeinde lautet, daß es sich bei Intelligenz um eine Symbolverarbeitung im Gehirn handelt. Zur Schaffung einer ähnlichen Intelligenz in der Maschine bedarf es folglich nur der Herstellung der richtigen Silikonsurrogate für die vom Gehirn verwendeten Symbole sowie der Erstellung derselben Regeln, die das Gehirn einsetzt, um diese Symbole im Schädel herumzuschubsen. Dies ist der Kern jener Lehre, die später »Top-Down«-KI (»Von oben nach unten«) genannt wurde. Kümmere dich nicht um den tatsächlichen physischen Aufbau des Gehirns, sondern statt dessen um die Symbole und Regeln zu ihrer Kombination in neue, größere Symbole.

Die Opposition gegen diesen Top-Down-Ansatz wurde in Dartmouth von Frank Rosenblatt angeführt, der die wirkliche neuronale Struktur des Gehirns in den Vordergrund stellte. Dieser Blick »Von unten nach oben« (»Bottom-up«) besagte im wesentlichen, daß die wirkliche Struktur des menschlichen Gehirns für die Ausführung seiner kognitiven Funktion wichtig sei und daß man deshalb versuchen sollte, diese Struktur in der Hardware nachzuahmen, wenn man beabsichtige, eine mechanische Intelligenz tatsächlich zu bauen.

Diese beiden Schulen zur künstlichen Intelligenz stritten in den frühen sechziger Jahren um die Vorherrschaft, bis ein Zufall die Top-Down-Anhänger die Oberhand gewinnen ließ. Dabei handelte es sich um die Veröffentlichung eines Forschungsergebnisses durch Minsky und seinen Kollegen Seymour Papert, wonach es unmöglich war, mit Hilfe eines der Rosenblattschen neuronalen Modelle, des Perceptrons, ein simples Problem der Booleschen Logik zu lösen. Aus irgendeinem unerklärlichen Grund faßte man dieses rein mathematische Ergebnis so auf, daß man mit einem neuronalen Netz niemals die Aktivitäten des menschlichen Gehirns werde nachahmen können, da das Gehirn dieses logische Problem mit Leichtigkeit lösen konnte, während die Rosenblattsche Maschine dazu nicht imstande war. Als Folge dieses »vernichtenden« Ergebnisses wurde die Forschungsfinanzierung für die Bottom-Up-KI stark gekürzt, und Wissenschaftler gaben dieses Gebiet auf, um statt dessen an den Top-Down-Ansätzen zu arbeiten. Eine gute Darstellung dieser gesamten Frühgeschichte der KI-Bewegung, sowohl des Top-Down- wie des Bottom-Up-Ansatzes und zugleich eine amüsante Beschreibung der diversen Personen, die damit befaßt waren, findet sich in den sehr aufschluß- und kenntnisreichen Büchern *Denkmaschinen* von Pamela McCorduck (Haar b. München 1987) und *Dem Denken auf der Spur* von Howard Gardner (Stuttgart 1989).

In den sechziger und siebziger Jahren konzentrierten sich die Forschungsarbeiten zur künstlichen Intelligenz auf die Verfolgung der Top-Down-Strategie. Dies bedingte eine Vielzahl unterschiedlicher Ansätze zu dem Problem, wie die richtigen Symbolarten für Gedanken und Regeln zu deren Manipulation zu bestimmen seien, um einen Computer dazu zu bewegen, sich in kognitiver Hinsicht wie Sie und ich zu verhalten. Der größte Stolperstein bei all diesen Bemühungen war das Problem der sogenannten »Hintergrundintelligenz«. Als Folge unserer kognitiven Entwicklung von frühester Kindheit an tragen wir allesamt eine riesige Menge Hintergrundinformationen über die Beschaffenheit der Welt mit uns herum; Computer haben keinen solchen Wissenskatalog, auf den sie zurückgreifen können, wodurch es einer Maschine sehr schwerfällt, einen Satz wie »The ball is in the pen« zu verstehen. Jedermann im englischsprachigen Raum würde sofort erkennen, daß das Wort »pen« in diesem Kontext den Kinderlaufstall meint. Wie aber verschafft man einer Maschine dieses Wissen? Bis heute ringen die Top-Down-Forscher mit diesem Problem.

Infolge der mageren Fortschritte der Top-Down-Befürworter bei der Schaffung einer echten maschinellen Intelligenz sowie der phänomenalen Weiterentwicklung der Computertechnologie während der vergangenen zwanzig Jahre begannen Forscher in den Achtziger Jahren, sich auf Rosenblatts ursprünglichen Bottom-Up-Ansatz zur Schaffung von künstlicher Intelligenz mittels neuronaler Netze zurückzubesinnen. Dem Grundsatz folgend, daß man, wenn man eine alte Idee wiederbelebt, ihr einen neuen Namen geben sollte, wurde dieser Forschungsansatz nun von den Beteiligten »Konnektionismus« genannt. Eine Rose unter einem anderen Namen. Eine unersetzliche Quelle für die Philosophie des Konnektionismus sowie für Themen wie Bewußtsein, Gehirn und Maschinen ist Douglas Hofstadters Buch *Gödel, Escher, Bach. Ein Endloses Geflochtenes Band* (Stuttgart, 1995).

Jedenfalls wurde bald klar, daß Minskys und Paperts Ergebnis, das in den sechziger Jahren die Forschung an neuronalen Netzen beendet hatte, in Wirklichkeit für die Idee denkender Maschinen irrelevant war, und dieser Umstand zusammen mit der allgemeinen Verfügbarkeit billiger und leistungsfähiger Computerhardware führte zu einem Wiederaufleben der Forschung an der Bottom-Up-KI, die auch heute noch vorangetrieben wird. Eine erstklassige Darstellung der Erforschung sowohl der Top-Down wie der Bottom-Up-KI bietet Jack Copelands leicht lesbares Buch *Artificial Intelligence: A Philosophical Introduction* (Oxford 1993).

In den Achtziger Jahren kam es aber auch zu zwei öffentlichkeitswirksamen Attacken gegen die Vorstellung, daß es eine denkende Maschine geben könne. Die erste war das berüchtigte Argument des »Chinesischen Zimmers« des Philosophen John Searle, das in meinem Text in Wittgensteins Gedankenexperiment mit dem Hieroglyphenraum nachgeahmt ist. Searles Argumente gegen die Ansicht, Turings Test sei eine stichhaltige Form der Charakterisierung von Intelligenz, sind in seinem Buch *Geist, Hirn und Wissenschaft* (Frankfurt/Main 1989) nachdrücklich dargelegt. Der zweite Großangriff auf die Vorstellung einer »starken« Künstlichen Intelligenz war Roger Penroses Berufung auf Gödels Theorem in seinem Bestseller *Computerdenken. Die Debatte um Künstliche Intelligenz, Bewußtsein und die Gesetze der Physik* (Heidelberg 1991). Es ist keine gewagte Behauptung, wenn ich sage, daß – aus all den Gründen, die die Gäste von Snows Abendeinladung vorgebracht haben – nicht viele Philosophen oder Wissenschaftler diese beiden Einwände überzeugend finden, weshalb ich hier auch nicht näher darauf eingehe. Im Rückblick lag der wirkliche Dienst, den sowohl Searle als auch Penrose der Gemeinde der »starken« Künstlichen Intelligenz erwiesen haben, darin, daß sie sie dazu brachten, noch einmal ernsthaft die philosophischen Probleme zu überdenken, die ihrer Forschung zugrunde liegen, und überzeugende Gegenargumente zu formulieren.

Als letztes in diesem Schnelldurchgang durch die Künstliche-Intelligenz-Forschung seit Snows Tagen möchte ich einige Worte zu den beiden Kernproblemen sagen, die von den Begründern der Künstlichen Intelligenz zur Zeit der beinahe fünfzig Jahre zurückliegenden Dartmouth-Konferenz als nahezu heilige Missionen verstanden wurden. Es sind die Themen des Computerschachs und der Übersetzung natürlicher Sprache. Wie ist der Stand der heutigen Künstlichen Intelligenz in diesen faszinierenden Fragen?

Im Jahr 1997 wurde der Schachweltmeister Garry Kasparow in einem Turnier von Deep Blue-II, dem leistungsfähigsten Computer-Schachprogramm, geschlagen. Tatsächlich spielen selbst auf einem PC gute Schachprogramme heutzutage in einer Qualität, daß nur ein Könner die Aussicht hat, dagegen zu gewinnen. Die in den fünfziger Jahren aufgestellte Behauptung, zur Jahrhundertwende werde ein Computer Schachweltmeister sein, ist demnach realisiert. Der wirkliche Witz bei der Sache ist jedoch, daß man in jenen Tagen dachte, daß die Herstellung eines weltmeisterlichen Schachprogramms irgendwie auch zutage fördern werde, wie Menschen Probleme lösen. Nun, zu diesem Glückszufall kam es nicht. In Wahrheit hat man gelernt, daß die Art, in der Schachgroßmeister spielen, und diejenige, in der gute Programme Schach spielen, fast nichts miteinander zu tun haben. Die Operation war also erfolgreich – nur ist der Patient dabei gestorben!

Was sich aber sagen läßt, ist, daß Deep Blue-II eine Art Turing-Test für Schach bestanden hat. Kasparows Bemerkung, er habe in Deep Blues Spiel eine »fremdartige Intelligenz« am Werk gesehen, ist sehr interessant. Seine Perspektive ist eine ganz andere als diejenige der Programmierer, die zwar eine intime Kenntnis der Maschine besitzen, aber die Feinheiten ihres Spiels nicht einschätzen können. Für Kasparow, der imstande ist, die Stärken des Programms zu beurteilen, ist es zu einer Art Person geworden.

Über die kognitiven Fähigkeiten des Menschen haben wir trotz alledem aus der Konstruktion von Computerschachprogrammen so gut wie nichts gelernt. Eine halb technische, aber dennoch lesbare Zusammenfassung dieses großen – aber gescheiterten – Experiments liefert Monty Newborns Buch *Kasparov versus Deep Blue: Computer Chess Comes of Age* (New York 1997).

Sprachübersetzungsprogramme sind, was die Alltagskompetenz in der realen Welt anbetrifft, bei weitem weniger erfolgreich als ihre Schach spielenden Gegenstücke. Aber Kompetenz ist nicht alles. Und wenn es darum geht, Maschinen diese allermenschlichste aller Funktionen so ausführen zu lassen, wie sie von Menschen ausgeführt werden, dann haben Projekte der maschinellen Übersetzung im vergangenen halben Jahrhundert eine stetige – wenn nicht gar bemerkenswerte – Verbesserung gezeigt. Ein Teil dieses Fortschritts ist einer systematischen Untersuchung der linguistischen Theorien Noam Chomskys zu verdanken, die in meinem Text vorgestellt werden. Eine gute Quelle zur Einführung in die Stärken und Schwächen dieser Theorie ist Randy Harris' *The Linguistic Wars* (New York 1993). Angesichts des weiten Wegs vom mühevoll-primitiven Wörterbuchnachschlagen zu den heutigen Programmen, die mit ihren groben, aber brauchbaren Übersetzungen eine passable Arbeit leisten, gibt es einigen Grund zu der Hoffnung, wenn nicht Erwartung, daß der Tag nicht allzu fern ist, an dem etwas Ähnliches wie ein Star-Trek-artiger Universalübersetzer hergestellt werden kann. Wer sich für die Gründe interessiert, weshalb das so ist, für den ist *An Introduction to Machine Translation* von W. John

Hutchins und Harold L. Somers (London 1992) ein guter Ausgangspunkt.

Wenn das halbe Jahrhundert Künstliche Intelligenz-Forschung irgend etwas gezeigt hat, dann, daß es eine höchst problematische Angelegenheit ist, menschliches Denken in einer Maschine einfangen zu wollen. Bei Dingen, die Menschen gut können – Mustererkennung, Phantasie, induktives Schließen, Kreativität –, tun sich Maschinen schwer, und umgekehrt. Damit soll nicht gesagt sein, daß menschliche Denkprozesse nicht in einer Maschine kopiert werden können, sondern vielmehr, daß dies ein sehr viel komplizierteres Unterfangen ist, als man in den fünfziger Jahren dachte. Und heute haben viele den Eindruck, daß der Versuch, Maschinen dazu zu bringen, wie Menschen zu denken, der Übung gleicht, Roboter zum Fußballspielen zu bewegen. Möglich wäre es vielleicht, aber wozu? Es ist dasselbe, wie wenn man einem Pferd das Tanzen beibringt. Erheblich nützlicher ist die Einsicht, daß dieses halbe Jahrhundert Forschung erwiesen hat, daß es sich um zwei unterschiedliche Formen der Intelligenz handelt und daß sie für eine kurze Weile friedlich koexistieren werden. Nach dem gegenwärtigen, aber kurzen Interregnum werden Maschinen und Menschen jedoch wieder ihre eigenen Wege gehen, so ähnlich wie Menschen und Delphine vor vielen Jahrtausenden auseinandergingen. Wenn Turing heute noch lebte, nähme er eine solche Verwirklichung seines Traums vermutlich mit launischer Befriedigung auf.

Uwe Jean Heuser · Das schnelle Leben

Wie der Markt den Menschen verführt · 240 Seiten

In klarer, energischer Sprache durchleuchtet Uwe Jean Heuser die gesellschaftlichen Auswirkungen dessen, was er eine „andere Marktwirtschaft" nennt. Diese neue Ökonomie entsteht aus der digitalen Revolution, die auf alle Bereiche menschlichen Handelns übergreift und binnen kurzem unsere Umwelt radikal verändern wird. Uwe Jean Heusers Buch ist eine glänzende Analyse dieser neuen Welt, aufklärend und scharfsichtig.

Harry Collins/Trevor Pinch · Der Golem der Technologie

Wie unsere Wissenschaft die Wirklichkeit konstruiert · 256 Seiten

In *Der Golem der Forschung* hatten Collins und Pinch den Mythos der Wissenschaft zerstört. Das gleiche geschieht nun mit dem Mythos der Technologie. Sieben neue Fallbeispiele belegen, daß bei aller Faszination auch die Technologie voller Ambivalenzen steckt und – wie die Wissenschaft – entscheidend von Interessen und Ungewißheiten geprägt ist.

Charles Seife · Zwilling der Unendlichkeit

Eine Biographie der Zahl Null · 320 Seiten

*Zwilling der Unendlichkeit* ist die faszinierende Erzählung davon, wie die unscheinbare und zugleich widersprüchliche Zahl Null genialen Wissenschaftlern den Verstand raubte, ewige Feindschaft zwischen berühmten Denkern heraufbeschwor und sich schließlich zum größten Problem für den weiteren Fortschritt der modernen Physik entwickelte.